EDWARD HOPPER

后浪出版公司

霍　普

［德］罗尔夫·G. 伦纳 著

谭斯萌 译

CNS | 湖南美术出版社
全国百佳图书出版单位
长沙

TASCHEN

目 录

欧洲起步

对于大部分欧洲人而言，爱德华·霍普的艺术证实了一种先入为主的美国形象。20世纪70年代末在欧洲举办的霍普画展的反响表明，这与画家的风格或方法无关。何为美国化即是主题。霍普的美国化特质体现在他所选择描绘的场景中。这些场景在两种方式中进行展现：霍普对看似典型的美国主题的运用，以及他对现实细节的热爱。这两种方式都同样令人感到陌生。霍普这种对场景陌生化的处理，意在揭示现代生活粉饰表面之下的裂痕。

这种双重的、模糊的特质具有审美开放性的维度，并说明了霍普在美国现代主义全盛时期的特殊意义。杰克逊·波洛克（Jackson Pollock）的抽象表现主义和爱德华·霍普的新现实主义常常被认为是"美国式的个人主义和艺术完整性"[1]的两极。

霍普的现实主义有时会被过度渲染，使得他的作品包含了大量实际不可见的元素在里面，或在现实中赋予幻想的氛围。例如，霍普的风景画视角让人联想到边界性的原始经验，以及人类与自然的交汇对于美国身份而言的重要性。这不仅在19世纪的杰出作家（霍桑、梅尔维尔、爱伦·坡）中留下了印记，还体现在托马斯·科尔（Thomas Cole）和哈德逊河画派的作品中。正如在爱伦·坡和梅尔维尔作品中，无尽的自然机遇的神话变成了一种僵化的关系缺失，霍普画作中对自然的描绘也往往发生了奇怪的变形：要么体现于文明的诸多缺陷之中，包括街道、铁路岔口和灯塔；要么体现于在未受破坏的自然环境中显得茫然失落，甚至濒临灭绝的文明印记——这也是霍普大部分描绘房屋的画作所传达的一种印象。因此，霍普的画作大多不会为我们呈现广阔的全景，而是限制了视野——霍普往往以透过窗户看到的室内场景，或是被房屋或其他文明世界的标志所限制的窗口视野，来代替不受限制的自然景象。

霍普在他的美国式风景中将原始的动态凝结为僵化的静态。但我们必须记住，这种反转现象并非美国所独有，而是现代艺术的一个标志。鉴于美国与欧

画室中的女性裸体
Female Nude in Studio
时间未知
纸上色粉，30.8 cm × 24.1 cm
纽约，惠特尼美国艺术博物馆
约瑟芬·N.霍普遗赠

画家与模特
Painter and Model
约1902—1904年
纸板油彩，26 cm × 20.5 cm
纽约，惠特尼美国艺术博物馆
约瑟芬·N.霍普遗赠

夏季室内
Summer Interior
1909年，布面油彩，61 cm × 73.7 cm
纽约，惠特尼美国艺术博物馆
约瑟芬·N.霍普遗赠

洲的审美洞察力之间存在时滞，我们可以把霍普的窗景和自然景象与已有的欧洲浪漫主义的类似作品进行比较，试图记录文明进程中的停滞以及人类与自然环境的疏离。霍普让这些图像适应于充分发展的现代性需求。毫无疑问，欧洲浪漫主义的窗景不仅记录了失落感，还提供了一份人类审视内在自我的视觉记录，这种审视让我们在思考浪漫主义画作时反过来进行自我检查。然而，将外在视野转变为内在的心理审查却也建立了一种全新的图像志。外部的视野一旦被阻挡，就会被内部的现实主义艺术所取代，而随着空气和光线进入室内，窗外的风景则被室内景观所取代。在**20世纪**的艺术中，爱德华·霍普的作品表现出类似的转变，即将视觉关注点转向了室内。这种转变在他绘于巴黎的早期作品中就已经初见端倪，并在他后期的作品中得以充分展现。霍普还十分看重心理因素，而不仅仅是可见对象：具象现实主义被当作一种编码符号系统进行使用，以传达意识知觉的潜意识基础。

作家彼得·汉德克（Peter Handke）在小说《圣山启示录》（*Die Lehre der Sainte-Victoire*）中描述了现实主义的这一效应。对于汉德克而言，霍普风景画的不同寻常之处不是其"梦境般的胁迫感"，而是一种"孤寂的真实性"。尽管如此，他还是认为这些画作具有"魔幻的"效果，并将它们比作"德·基里科的荒废的形而上广场""马克斯·恩斯特（Max Ernst）月光下荒凉的丛林都市"[2]以及勒内·马格利特（René Magritte）的《光之帝国（二）》（见第91页）。我们可以增加几组对照：在爱德华·蒙克（Edvard Munch）的《暴风雨》（见第44页）中，几个面目模糊的人聚集在前景处，光线的效果为房屋和环境赋予了陌生感，这可能会让人理所当然地联想到霍普的《旅客房间》（见第45页）。而乔治·德·基里科（Giorgio de Chirico）的城市景观和高塔画面则让我们回想起霍普的风景，特别是他所画的灯塔。

在此要重申一下，霍普作品中对现实模仿的变形具有心理学和美学上的原因。霍普在1939年写给时任艾迪生美国艺术画廊总监查尔斯·H. 索耶（Charles H. Sawyer）的信中解释道：

"对我来说，形式、色彩和设计只是达到目的的一种手段，是我创作的工

斜躺的裸女
Reclining Nude
1924—1927年
纸上水彩和石墨，35.2 cm × 50.5 cm
纽约，惠特尼美国艺术博物馆
约瑟芬·N. 霍普遗赠

具，它们本身并没有引起我很大的兴趣。我主要兴趣在于经验和感觉的广阔领域，它们既不是文学，也非纯粹的造型艺术所涉及之列。……我绘画的目的总是以自然为媒介，试图依照我最喜欢它所呈现的样子，在画布上映射出我对主题对象最为私密的反应，彼时我的兴趣和偏见使事实得到统一。为何我选择某些主题而非其他，我也说不清楚，除非我相信它们是综合我内在体验的最佳媒介。"[3] 这是霍普的艺术中某种连续性的来源，这种连续性体现了他早期和晚期截然不同的草稿和技巧。支撑这种审美连续性的是阅历的连续性，这显然是他的艺术作品的前提。

霍普的生活出奇的平静有序，没有什么突发的剧变或动荡，不管是心理上的还是地理上的。在某种意义上，这没什么可讲。除去两次旅居欧洲，爱德华·霍普从1908年起一直住在纽约。50多年来，直到他去世，他的工作室一直位于华盛顿广场北3号的顶层。20年代以后随之而来的名誉从未冲昏他的头脑，他和妻子乔（原名约瑟芬·凡尔斯蒂勒·尼维森［Josephine Verstille Nivison］）在那里过着平静的生活，他们于1924年7月结婚。除了一两次旅行，唯一的场景变化是在科德角的南特鲁罗消夏，他们于1930年在那里买了一块地，之后建了一座房子兼作画室。霍普作为艺术家的发展过程同样毫无波澜。从纽约艺术学院（即切斯学校［Chase School］）毕业后，他从事商业插画工作，并顺利过渡到更为模糊的艺术领域。他创立的一种更受欢迎的技术，与对于油画创作的持续专注，同时表现出一种毋庸置疑的专一性。如果霍普存在过个人或审美危机，那么这些危机尽在他的掌控之中。只有在极少数情况下，他的漫画和图画才会暗示出他试图解决的心理上的紧张。一些画作表明了他对妻子的关

注：从外部看，他与乔的关系是十分亲密的，但似乎也有竞争的一面——他的妻子不仅是霍普的经纪人和评论家，她本人还是一位画家。

每当霍普表达美学观点时，连续性和纪律性自然成了他的口号。他本人认为，自己掌握现实的途径取决于阅历的连续性，他觉得这样的连续性在多样化的作品中屹立不倒。在职业生涯中期他曾写道："在所有艺术家的发展过程中，晚期作品的萌芽总是能见诸早期作品。艺术家本身才是其智慧构建的作品所围绕的核心，中心自我、人格，不管它叫什么，从出生到死亡都变化不大。他过去是什么样子，现在还是什么样子，只是略有调整。在方法或主题上对样式的改变对他的影响很小甚至没有。"[4]

霍普作为艺术家的发展在两个方面证实了这一观点（以他自己为例）。一方面，他早期的画作演变了一种自然和文明之间的结构性对立，这种对立在他的作品中始终存在。另一方面，在技术方面，这些早期的绘画已经显示出，光线和光影效果在霍普的艺术中贯穿始终的重要地位。他坦率地告诉劳埃德·古德里奇（Lloyd Goodrich）："也许我不是很有人情味。我想做的是把阳光画在房子的边上。"[5]

并不是说，霍普只是在简单追求构建。他经常对自己的画作进行全面、系统的初步研究，但他的绘画不是一种冷静、审慎的艺术——他相信有些主题是与感受相协调的。他试图直观地记录内在经验和画家的观察方法之间的对应，在

《女子秀》习作
Study for *Girlie Show*
1941年，纸上色粉，33.7 cm × 38.1 cm
纽约，惠特尼美国艺术博物馆
约瑟芬·N. 霍普遗赠

夜窗

Night Windows

1928年，布面油彩，73.7 cm × 86.4 cm

纽约，现代艺术博物馆

约翰·海伊·惠特尼赠

所见与所绘之间建立和谐，这种和谐则来自一个根深蒂固但又明显与现代主义背道而驰的需求：霍普希望重获在进步和文明的过程中失去的获得真实体验的能力。我们可能又会想到彼得·汉德克，他的写作不是建立在结构和阐释之上的，而是以试图寻找和看到某些超越他自身的事物，这类事物是某些隐秘欲望一直以来渴望转化成为的一个内在形象。

心理因素在霍普后期的作品中变得愈发重要，但在他早期的画作中，这种心理因素偶尔会被艺术传统所掩盖。这位美国艺术家起步于法国，受到欧洲传统的熏陶。他的表现手法受到印象派的影响，直到1910年左右，他反复使用与绘画事业、艺术家生活和画室有关的主题。绘于1900—1903年的《画室中的女性裸体》（见第7页），描绘他自己的《尼亚克的卧室》（*Bedroom in Nyack*），以及其最重要的早期油画《画家与模特》（见第6页，1902—1904年）和《床上的裸女》（*Female Nude Getting into Bed*，1904—1905年）都体现了这种倾向。

霍普早期的画作使用的是深色：以暖棕色、深灰色和黑色为主。他的绘画技巧部分源自荷兰的巴洛克大师伦勃朗和弗兰斯·哈尔斯（Frans Hals），同时也得益于爱德华·马奈（Édouard Manet）。乍一看，我们可能会认为霍普在法国时期的作品与他其余的作品没有真正的联系，但如果我们更仔细地观察，就会发现一些贯穿其艺术始终的典型特征，这些特征在他职业生涯的后半段是近乎顽固的存在。有三条主线可以在他的艺术进程中分辨出来[6]。

虽然霍普是一位风景和城镇风景画家，但在他的职业生涯中，也描绘过女性裸体。这些裸体画始于受印象派影响的早期习作，包括心理暗示和看似叙事性的画作，如1909年的《夏季室内》（见第8页），并在较晚期的作品中达到巅峰，如1941年的《女子秀》（与第11页的习作相比较）或1961年的《阳光下的女人》（见第77页）。后两幅是霍普晚期作品中典型的对女性模糊而又生动的描绘。在其职业生涯的早期，霍普已经开始以一种典型的、显而易见的偷窥视角来展现裸体。如1924—1927年创作的《斜躺的裸女》（见第9页）就暗示对这名裸体女子的观察是一种偷窥：她以为自己没有被人注意，并带着一种愉悦、梦幻的放纵精神依偎在一排枕头上。

这种偷窥的视角后来成为霍普描绘女性时的首选视角。在这一点上，他先于安德鲁·怀斯（Andrew Wyeth）和埃里克·费舍尔（Eric Fischl）以及其

晚风
Evening Wind
1921年，蚀刻版画，17.5 cm × 21 cm
纽约，惠特尼美国艺术博物馆
约瑟芬·N. 霍普遗赠

15

光线与我所知的一切都不尽相同。影子是发光的——更多的是反射光。即使在桥底下也有一定亮度。

——爱德华·霍普

他使用类似方式的美国艺术家[7]。这种方式由霍普首创，这是一种心理技巧，它将无意识的与性有关的愿望和洞察力投射成视觉现实主义的隐晦习语，并由年轻一代艺术家继承。当我们想到怀斯的赫尔加组画时，不可避免地会想起霍普：从1971年到1985年的近15年时间里，怀斯一遍又一遍地画着同一个女人——实际上这是这位著名画家多年以来向公众隐瞒的一种秘密的痴迷。

另一方面，埃里克·费舍尔比霍普要明显得多，他所表达的幻想结合了心理和历史层面。他绘画中的窥视不仅是私人冲动的产物，也不仅仅是对受文明压抑的欲望的分析。他还试图表现美国中产阶级社会的无意识特征。显然，这是他与霍普的艺术的共同之处：霍普对个人心理的描述也总是被归结为对社会的记述。而费舍尔作品中颠覆性的内容往往源自霍普。在灯光下看到的人物近乎写实地呈现在受局限的背景之中，这立刻产生了一种陌生化且加强氛围的效果。即使室内与室外没有特别划分界限，也能给我们留下一种亲密感——甚至在室外场景中也是如此（参见第88—89页）。要想在霍普的作品中看到这种效果，我们只需观察他1921—1923年创作的《月光下的室内》（*Moonlight Interior*）或1928年的《夜窗》（见第14页）。

皇后区大桥
Queensborough Bridge
1913年，布面油彩，65.7 cm × 96.8 cm
纽约，惠特尼美国艺术博物馆
约瑟芬·N.霍普遗赠

蓝色的傍晚
Soir Bleu
1914年，布面油彩，91.4 cm × 182.9 cm
纽约，惠特尼美国艺术博物馆
约瑟芬·N.霍普遗赠

　　费舍尔和霍普都展现了男性的目光如何把女性的身体当作投射无意识欲望的屏幕。他们还表明，男性看待事物的方式落入了社会与性别规范的定式。然而霍普画中的女性在另一个层面上也有痴迷的属性。他显然很快就开始只画一个女人，也就是他的妻子。几十年来，乔·霍普以各种各样的姿态出现在各种场合，扮演着各种年龄段的各种角色。这样的结果是陌生化：他所强调的是割裂，而非共同点。（我们必须牢记这两位艺术家的婚姻中的竞争，霍普以婚姻生活为主题的漫画即体现了这种情绪。）

　　霍普作为艺术家的第二条发展主线始于他从（法国）印象派时期过渡到早期美国时期的风景画特征。在他职业生涯的早期，除了纯粹的风景画（描绘蒙希根岛的画作尤其值得注意），他还创作了一些自然与文明交汇的作品——如果以领域的严格划分为标志的对峙可以被称为"交汇"的话。霍普一次又一次地描绘桥梁、运河、栈桥和灯塔。早在1909年，《暴雨中的卢浮宫》（见第12页）就展现了霍普安排材料的方式，这一方式在其创作中后期变得更加重要。自然界与人造的世界、文化与科技，一切皆于画中交汇，不同的领域不仅界定明确，还发生了彻底改变。文明的象征——卢浮宫，出现在这个充满自然威胁的时刻，同时也几乎被科技的标志（桥和船）所掩盖。某种风格上的不稳定性在此冲击着我们，这种不稳定性在接下来的作品中越发重要。1910年到1920年这10年间描绘海岸线风景的油画使用了强烈的色彩对比和厚涂法，然而将自然与文明并置的画作却经历了一个渐变的过程，即从印象派风格到霍普对现实细节的更具特色的运用。

　　毫无疑问，在这个渐变的过程中会有细微的差别和变化。我们可以比较一下 1909 年的《奥古斯丁码头》(见第 13 页) 和 1907 年的《艺术桥》(见第 12 页) 以及稍晚一些的《皇后区大桥》(见第 16 页)。这一比较证实了霍普一直在尝试将早期的观察方式和美学方法重新应用到后来的作品构图中。如果我们将 1909 年的《皇家桥》(见第 13 页) 与完成于 1925 年著名的《铁路边的房子》(见第 30 页) 进行比较,这一点就会非常明显。这种对于后来的作品产生的明显的预见性也体现于其他画作中:1906 年的《巴黎之桥》(见第 18 页) 与 1914 年的《缅因州的公路》(见第 19 页)。前者是一幅相对暗色调的画作,以红色信号灯作为单色高光。这两幅画都建立并定义了一种文明感,这后来成为霍普关注的焦点。

在霍普 1914 年的画作《蓝色的傍晚》(见第 17 页) 中可以看到预示其后期作品的第三条主线。在某种程度上,这幅画是艺术家自身对受法国印象派影响阶段的一种回顾。但除此之外,其心理学隐喻预示了在当时仍处于未来的作品,现在我们可以看到,它与霍普创作于 1965 年的最后的画作《两个喜剧演员》(见第 93 页) 之间的无意识联结。霍普在最后一幅作品中,不仅刻画了乔和他自己,还用忧郁和讽刺的眼光回顾了自己的一生。

巴黎之桥
Bridge in Paris
1906 年,木板油彩,23.3 cm × 33 cm
纽约,惠特尼美国艺术博物馆
约瑟芬 · N. 霍普遗赠

《蓝色的傍晚》在军械库展览结束一年后创作，这并非巧合，因为正是那场具有代表性的展览将欧洲现代主义和抽象艺术引入北美。在那之后的几年里，霍普可以说是开始同时强调自己作为一名美国艺术家的身份，以及其艺术中的心理学维度。如果我们把《蓝色的傍晚》作为回顾的开端，那么《皇后区大桥》无疑定义了他的艺术从欧洲风格向美国风格的转变。我们能够领会霍普的批判性兴趣对于20世纪20年代的约翰·斯隆（John Sloan）、雷金纳德·马什（Reginald Marsh）和托马斯·哈特·本顿（Thomas Hart Benton）等诸多美国画家的重要意义[8]。

缅因州的公路
Road in Maine
1914年，布面油彩，61.6 cm × 74.3 cm
纽约，惠特尼美国艺术博物馆
约瑟芬·N. 霍普遗赠

新世界的图像

我们已经确定，爱德华·霍普晚期作品的某些主题在他早期的画作中已有呈现，这种连续性是他由法国风格到美国风格的转变循序渐进的原因之一。在主题的选择上有一个最初的变化，接着是艺术家技术上的一个更深层变化，但不存在明显的突然中断。

霍普早期阶段的结束以《蒙希根岛的布莱克海德》（见第25页）这类画作为标志。他在这类作品中的技巧仍然受到印象派的影响，但美国自然题材为他的手法注入了一种全新的表现活力。光与影、水与陆地的区别被描绘得更加清晰，色彩鲜明且对比强烈，颜料被厚重地堆叠于画板之上。视角的选择加强了这种动态的印象：我们的目光被上方的某个角度吸引，聚焦在海岸线上，海湾中撞击的海浪时隐时现。这样的画面呈现出相互矛盾的自然力量。色彩运用也不同寻常，前景中黑色阴影与红色土地的对比，和基于画面上方蓝色和天际线部分的对比互相呼应。

霍普后来完善了鲜明的轮廓线、对全色值过分强调，以及通过弱化色值造成轻微陌生感的技巧。在像《南特鲁罗的科布的谷仓》（见第41页）这样的画作中，自然和文明被粗糙地并置，霍普通过对颜色的运用来分割不同的区域。后来，这一进程使他在作品中获得了一定的自主权。

另一方面，作为霍普描绘新世界场景的第一幅画作，1912年的《美国乡村》（见第22页）有着柔和的色彩和模糊的轮廓。诚然，和《巴黎之桥》（见第18页）一样，这幅画作显示出霍普摈弃自己受印象派影响的绘画技巧的过程。两种效果打破了整体的朦胧色彩：暗处和界限清晰的栏杆直逼前景，各种明亮的高光打破了一贯流行的柔和色调（左边的黄色房屋、中间上方的黄色有轨电车以及位于左右及背景处引人注目的红色烟囱）。

这些突破在最初的总体印象中达到了精心设计的效果。它们阻碍了整个场景的视野，也无法让我们获得统一的视觉印象。霍普已在改进他的方法，借助

记事本，第二卷，第83页，《加油站》初稿
Record Book, volume II, p. 83, entry for painting
Gas
1940年10月
纸上墨水和铅笔，30.2 cm × 18.4 cm
纽约，惠特尼美国艺术博物馆
劳埃德·古德里奇赠

星期天
Sunday
1926年，布面油彩，73.6 cm × 86.3 cm
华盛顿哥伦比亚特区，菲利普收藏馆

透视和轮廓以及鲜明的色彩并置，把他的视野分割出的不同视觉印象进行拼凑。

1914年的《缅因州的公路》（见第19页）最初给人的印象更为统一，但这只是假象。霍普再次借用明暗对比和使用另类的色值来构建风景，他采用的透视法也为这幅画增添了活力。从略高的位置的某一角度来看这个画面，我们只能看到一小段公路（沿着陆地的走向），不能看到它向何处延伸。由于两根电线杆之间没有电线，而下一根电线杆（应该在前景中的某处）又不在我们的视线范围内，所以透视被巧妙地破坏了。这个乡村公路的画面显然是"关于"自然与文明相互施加的界限。从透视的角度来看，我们可以将它与1941年的油画作品《伊斯特汉姆6号公路》（*Route 6, Eastham*）相比较，同样的主题在这里得到了更为直接的处理。

事实上，在霍普描绘新世界的作品中，使用现代技术的图像成为了一个引人注目的常态。汽车和铁路在他的作品中极其重要。当然，他会以变幻的方式表现同样的主题。在《伊斯特汉姆6号公路》中，他的视角是在停车场上看到的平静、踏实的景象；而在《纽约、纽黑文和哈特福德》（见第24页）中呈现的只有铁路风景的匆匆一瞥，如同我们从火车窗口向外看到的情景。在这个画面中，霍普破坏了透视的稳定性，同时又加入了动态。虽然前景中的轨迹几乎与

美国乡村
American Village
1912年，布面油彩，65.7 cm × 96.2 cm
纽约，惠特尼美国艺术博物馆
约瑟芬·N.霍普遗赠

画的底边平行，虽然我们能够全面地看到那些房屋（几乎呈直角），但我们仍然无法确定这个风景片段所记录的运动方向。在这短暂的一瞥中，自然与文明被混为一谈。这一视角在霍普后来的作品中越来越重要。

这样的组合排列据说是偶然决定的，但霍普正在开发一套符号系统，用以描述新世界中个人体验的本质。当然，这个系统所产生的画作在内容组合上大有不同：霍普并未让自己局限于一个固定的图像志，而是将他的方法应用于多种不同的情形。

创作于1926年的《星期天》（见第20页）是该方面的早期范例。这幅画毫无疑问重新调用了画家其他作品中的图像志。人（代表自然秩序）在其中显得渺小、无足轻重，是郊区场景中的偶然特征。画中的男人并非凝视着外部繁忙的街景，相反，他似乎迷失在自己的思绪中，被排除在文明的区域之外，且无法进入自然的区域。他那茫然的注视怪诞地呼应着空荡荡的商店橱窗的虚无。这座城镇给人一种荒凉、死气沉沉的印象，很难判断这家商店到底是不是在营业。

药店
Drug Store
1927年，布面油彩，73.7 cm × 101.6 cm
波士顿美术博物馆提供
约翰·T. 斯伯丁遗赠

纽约、纽黑文和哈特福德
New York, New Haven and Hardford
1931年，布面油彩，81.3 cm × 127 cm
印第安纳波利斯艺术博物馆
艾玛·哈特·斯威瑟收藏

第26—27页
加油站
Gas
1940年，布面油彩，66.7 cm × 102.2 cm
纽约，现代艺术博物馆
西蒙·古根海姆夫人基金

无论象征文明的符号如何出现在霍普的画作中，无论它们在多大程度上作为符号系统的一部分，我们必须补充的是，它们依然明显存在，因为艺术家将它们视为日常事物，并从中获得一种简单，甚至朴素的乐趣。这便是我们在1927年的《药店》（见第23页）以及后来1936年的《环形剧场》（*The Circle Theater*）、1940年的《加油站》（见第26—27页）和1946年的《宫殿》（见第29页）中所观察到的乐趣。4幅画都醒目地用到了书面文字。我们看到了像美孚（Mobilgas）或福特（Ford）这样的品牌名称。霍普偶尔也会在强调这些文字时，加入一点讽刺意味。例如，在描绘西尔伯药房（Silber's Pharmacy），这个庄严坐落于角落的药店的画作中，粗暴的"强力泻药"（Ex-Lax，一种用来缓解文明世界的流行病之一的通便药剂）广告不仅在字体上与药店名字形成反差，还与代表着旧时代尊严的橱窗中的罐子、帘子和礼品盒陈列构成鲜明对比。在《环形剧场》中，剧场的广告几乎被地铁入口所掩盖，而冰激凌、糖果、药品和汽水广告则霸占了前景。

该系列也记录了霍普具有代表性的表意不明。一方面，他对细节的热爱似乎是对写实主义的回归，是理查德·埃斯蒂斯（Richard Estes）等超写实主义画家的先驱。另一方面，即使在这里，霍普仍然将他的主题陌生化。被室内灯光照亮的药店位于一条被药店灯光部分照亮的漆黑的街道上。那扇窗户指出了该符号系统的空洞：没有人来读取药店所传达出的信息。在《环形剧场》中，一个身材矮小、迷失方向的人类形象几乎完全被建筑物的色彩对比所吞噬。《加油站》中的汽车加油站如同标志着文明前沿的前哨站，站在对抗自然的立场之上。色彩对比和构图结构都强调了这种紧张感，当我们观看这张画的时候，我们发现自己的目光很可能从路边移到加油站和"美孚汽油"的文字上。《宫殿》采用了效果类似的视角转换。一方面，酒店的标志只是众多标志中的一个；另一方面，我们当然不是从街上看到它（假设可以从街上进入到酒店），而是穿过一个小镇的屋顶和房屋正面的檐板，其中的铁栅栏窗户和阳台铁艺表明此地位于墨西哥。"宫殿"（Palacio）这个名字与它平坦的屋顶、沉闷的立面和（显而易见的）水塔之间的对比具有明显的讽刺意味。在纷乱的城市生活中，唯一能提供方向的细节就是广告标识。

这些画作不以心理效果为目的，也不是特别接近象征符号的解析。相反，他们坚定地关注这些符号本身。在这些作品中，霍普在文明符号中重建了一种不甚复杂、不带偏见的乐趣。这种乐趣同样见诸着手记录自己国家日常事例的美国人（雷蒙德·卡弗［Raymond Carver］、托马斯·麦戈恩［Thomas

蒙希根岛的布莱克海德
Blackhead, Monhegan
1916—1919年，木板油彩，24.1 cm × 33 cm
纽约，惠特尼美国艺术博物馆
约瑟芬·N. 霍普遗赠

McGuane]）和发掘欧洲大陆魅力的欧洲人（彼得·汉德克、维姆·文德斯[Wim Wenders]）。在将这些符号作为描绘对象时，霍普采用了一种在一定程度上使他超越了现代主义的技巧。首先，古典的模仿再现的原则占据了主导地位；随后，在现代主义的全盛时期，它被抽象的胜利所取代。霍普的艺术重新发现了存在于表面的东西。事实上，它是一种经常抗拒心理或符号破译的艺术。表面就是表面本身，无一例外：符号不具备任何超越其自身的意义。

这只有在霍普的作品中才逐渐发展起来，其背后是新世界的原型、自然与文明的对峙。1928年，霍普在一篇关于查尔斯·伯奇菲尔德（Charles Burchfield）艺术的文章中探讨了这个主题。他在其中将美国的绘画脉络与欧洲美学联系起来。霍普从19世纪美国哲学家兼诗人拉尔夫·沃尔多·爱默生（Ralph Waldo Emerson）的一句话中找到了自己的方向，这句话也引自歌德："所有文学活动的开始和结束，都是借助我内心的世界来再现我周围的世界。"[9]在这方面，尽管他们有许多不同之处，但事实证明霍普与伯奇菲尔德志趣相投。霍普认为，这种再现必须从转变开始。对于伯奇菲尔德，他所欣赏的是，不管经验世界多么复杂，他仍然采用简单的绘画方法[10]。

他发现伯奇菲尔德的技巧令人惊叹，在那个高度复杂的时代依然如此简单、自然，这敦促着一名有智慧和觉悟的艺术家，如果他拥有确定感、独到的见解和坚持，就不应该与同时代人的智力偏差为伍。他认为艺术的任务是自我反思，并以未来的独立为目标[11]。

在同一篇文章中，霍普做出的观察诠释了他日后对文明基本共性的关注，尤其是建筑、房屋，以及房屋相对于自然环境所处的地位。他注意到美国建筑所特有的符号系统，这种符号系统在早期对建筑的后现代多元化的天真期待中结合了广泛多样的风格。在霍普看来，美国建筑提出了对具有彻底的当代性本质的现实主义绘画的需求。他指出从原始画家到后印象派画家，人类天性的冷漠和虚荣心如何促使艺术家们使用被原创艺术家赋予生命的原材料[12]。因此，霍普关于伯奇菲尔德的文章不仅解释了他对主题的选择，还解释了他从模仿艺术（可能仅仅是写实、具象和倾向于叙事的艺术）到象征艺术的平稳过渡。他在绘画中所建立的自反性符号体系不仅重塑了现实元素和符号关系，还创建了一个全新的语境，即第二层表面。这给人一种无法用语言表达的印象，对图像艺术来说也很难理解。按照霍普的思维方式，所有的绘画都遵循着这种转化规律。对他来说，在这种语境下并没有明显的距离；物体被看到、时间静止、一个人再次获得兴奋感，如今这些都在精神层面被处理成了艺术作品的不同维度[13]。

宫殿

El Palacio

1946年，纸上水彩，53 cm × 73.7 cm

纽约，惠特尼美国艺术博物馆

文明的边界

爱德华·霍普的作品变得愈发表意不明，甚至色调也变得模棱两可。这种模糊性一方面源于（受爱默生启发）试图表达一种感知的内在真理，另一方面则来自艺术家的自反性符号系统的发展。当纽约现代艺术博物馆于1933年举办霍普作品的首次大型回顾展时，查尔斯·伯奇菲尔德写道："有些人在他的一些作品中解读出了带有讽刺的偏见；但我认为这是一种巧合，因为他在崭露头角之际，在我们的文学作品中，美国小镇和城市正遭以如此恶毒的讥讽，以至于几乎所有对美国式风景的直白与坦诚的再现都不可避免地被认为是讽刺。但霍普并不认同旁观者的感受。正是这种不偏不倚、平心静气的态度，和完全不受感官兴趣或当代癖好的影响，才使他的作品有机会超越时代地被铭记。"[14]

如此看来，伯奇菲尔德含蓄地承认霍普认为心灵与自然的二分法（爱默生曾试图调和）是一种永久性的冲突。霍普在借鉴美国先验论者爱默生和H. D. 梭罗的认识论时，并没有隔绝感知的领域，他的作品中包含了一种基底断裂的感觉。在他中后期的艺术作品中，这种感觉不仅被赋予心理学因素，而且经常以完美的文字的视觉角度呈现[15]。

1922—1923年创作的《铁路交叉口》（见第33页）就是一个很好的例子。和其他的霍普风景画一样，这幅画同样展示了艺术家对现代主义经典内容的采纳。与19世纪的美国风景艺术家弗雷德里克·埃德温·丘奇（Frederic Edwin Church）或托马斯·科尔（Thomas Cole）不同，霍普并非以全景来表现画面。像科尔的《牛轭湖》（*The Oxbow*）中那样广阔的自然前景并不适用于他。哈德逊河画派的绘画风格起源于欧洲古典风景画传统（同时往往根据自身的表达目的进行调整），相比之下，霍普的风景画采用了独特的视角，并允许自然特征或文明符号来标明他的边界。

这是一种观看的方式，后来成为关于事物认知的技术性的典型特征。对霍普来说，这为他职业生涯早期阶段奠定了基础。如果我们再来观察早期的《皇

夜影
Night Shadows
1921年，蚀刻版画，17.5 cm × 20.8 cm
纽约，惠特尼美国艺术博物馆
格特鲁德·范德比尔特·惠特尼赠

铁路边的房子
House by the Railroad
1925年，布面油彩，61 cm × 73.7 cm
纽约，现代艺术博物馆
匿名捐赠

后区大桥》（见第16页），就会发现它不仅是法国传统的专门延续。它也被认为是未来主义的替代。1913年，在巴黎的伯恩海姆·热纳画廊举办了一场大型未来主义展；同年，法国的达达主义者马塞尔·杜尚（Marcel Duchamp）创作的、受未来主义影响的、著名的《下楼梯的裸女》（*Nude Descending a Staircase*），震惊了纽约军械库展览的参观者。未来主义旨在通过技术手段使艺术和生活恢复活力。霍普对此表示怀疑，他没有表现出未来主义者的狂妄自大，而是呈现出自己的透视场景，包括汽车、火车和公路——以直接的方式记录下技术的进步。对未来主义者来说，人类的能力是无限的；对霍普来说，强加限制成为一种现实主义艺术的特色化策略。

　　这里我们再次以《铁路交叉口》为例：画面中一个主体是林地和田野，另一个主体是房屋、信号灯、电线杆和铁轨。这两个主体呈现出两个对立的系统（自然的和技术的），二者交汇并建立了彼此的界限。在霍普的艺术中，我们一次又一次地看到这个运作过程。有时它以琐碎的轶闻形式出现，比如在1923年的《铁路交叉口》蚀刻版画中，一个男人带着一头牛在一个封闭的铁道交叉口等待着，这两个形象被一根电线杆和一个大型停车路标框住。另一幅蚀刻版画《美国风景》（见下）以象征性的风格处理着同样的主题：在这幅画中，铁轨横切着画面，一群牛正要穿过它，从牧场（自然领地）移动到文明领域（用房子来表示）。

　　这些蚀刻版画使用象征性的叙事元素来突出特定的表达。1926年的《铁路交叉口》的水彩画版本对同样的深刻见解以一种奇怪的方式进行轻描淡写，但仍然清晰地进行了表达。这幅画同样通过展示文明对自然界的入侵来面对自然与文明的对抗：我们再次看到一处铁路交叉口，通向文明领域的道路在轨道之

美国风景

American Landscape

1920年，蚀刻版画，20 cm × 25.1 cm
纽约，惠特尼美国艺术博物馆

外沿斜坡升起，将房子的地基隐藏在视线之外。霍普当然已经在油画版的《铁路交叉口》（见上）中预料到了这种效果，借用一个不寻常的视角，使铁轨和路标作为分界线，将驯化的自然（房子附近）与原生态的昏暗的自然（郁郁葱葱、人迹罕至的树林）割裂开来。

　　房子在霍普的艺术中显然具有核心价值。就像铁路标志一样，它们毫无疑问是文明的象征，但与此同时，它们也提醒着我们，文明依赖于特定的界限。霍普则更进一步：他画中的房子往往表明，由此产生的割裂是永久性的，人类如今已被阻隔在自然之外。

　　1925年的《铁路边的房子》（见第30页）从各个方面证实了这一点。这座房子很可能比铁路修建得早，至少其建筑带有前工业时代的色彩。在我们所处的位置上，这所房子看起来已经没落，与周围环境十分不协调。这是一座独立的房子，坐落在一片开阔的、没有树木的区域，如同被历史遗忘的鬼城中的唯一遗迹。高塔、临街面和露台最初无疑是为了悠闲的自然冥想而设计的，但是

铁路交叉口
Railroad Crossing
1922—1923年
布面油彩，74.9 cm × 101.8 cm
纽约，惠特尼美国艺术博物馆
约瑟芬·N.霍普遗赠

铁路日落
Railroad Sunset
1929年，布面油彩，74.3 cm × 121.9 cm
纽约，惠特尼美国艺术博物馆
约瑟芬·N. 霍普遗赠

第36—37页
周日清晨
Early Sunday Morning
1930年，布面油彩，89.4 cm × 153 cm
纽约，惠特尼美国艺术博物馆
格特鲁德·范德比尔特·惠特尼基金购买

现在铁路正好经过房子的正面。铁轨本身平添了这种凄凉感：它不仅再次在画面上横切而过，将房子的基座掩藏在我们视线之外，而且其本身似乎也成为被破坏的自然的一部分。生锈铁轨的棕色和铁路轨道与房子暗淡的蓝灰色形成了强烈对比（虽然它确实拥有霍普的房子上一再出现的黄褐色烟囱）。在烟囱的暖砖红色里不难看到生命的迹象，它曾经温暖过这座现今如此凄凉的房子。这种荒凉的感觉无疑因那些百叶窗而更加强烈，一些百叶窗是敞开的，大多数处于关闭状态。有些窗户反射光线，然而（这十分具有霍普风格）却没有一扇窗户能让我们看到里面。为了强调这种无处不在的惆怅，霍普还把天空（占据了画布的很大一部分）画成了暗淡、呆板的灰白色。虽然阴影表明太阳升得很高，但天空中却几乎没有蓝色，也没有云层。这是霍普这种在天地间建立完全虚无的能力的最为显著的证据。

　　这幅画与1929年的《铁路日落》（见上）对比十分强烈。《铁路日落》是描绘新英格兰的一幅生动的日落场景，色彩极富表现力，构图与《铁路边的房子》相反。现在我们不是在审视文明，而是跳出文明，走向一个显然未受破坏的自然领土。的确，铁路轨道仍然是分界线，但其之上的自然景色似乎成了富有希望的新生活，留下一种热情好客的印象。霍普对光线效果的运用强调了这种感觉：铁道在夕阳的照耀下闪闪发光，暮色沿着丘顶形成了波状的绿色轮廓。在这件作品中，霍普对色彩和光线的运用显示出，无论他多么努力试图真实再现自然现象，他的表达方法仍然从根本上受到现代主义的影响：其色彩效果并不依赖于具象功能，其色值也在模式化的组合中获得了自主特性。在《铁路日落》中，主体、结构和色值构成了一个具象和半抽象的双重美学体系。

类似的情况也出现在霍普1930年创作的《周日清晨》（见第36—37页）中。这件作品与《铁路日落》并没有明显关联，但霍普却似乎试图将自然场景的色彩系统应用到城市街景中。这两幅作品在调色上似乎彼此呼应，在主题上也颇为一致。《周日清晨》再次运用到二分法：在这里，街道是边界线，我们的目光穿过它，看向对面的房子。房屋立面采用了《铁路日落》中的红色、绿色和黄色。似乎是为了在这两幅画之间建立一种对称，霍普在《周日清晨》的右侧加入了一根引人注目的垂直线（理发店的转花筒灯），对应了铁路场景左侧的信号灯与信号室。不同的是，《铁路日落》强调了流动的自然景观轮廓，而《周日清晨》中的主体是人造物和几何形状。

这件1930年的作品强调了一种倾向，这种倾向在《铁路日落》中已经十分明显：通过使用以线性或几何为主的形状，在光影的游戏中呈现有生命和无生命的二分法。霍普在画面中加入了具有讽刺意味的警示信号，即这样的构造是由艺术家一手设计的虚拟事件：右侧主导画面的彩色立面在黑暗的高大建筑前相形见绌，因此提醒了我们，画家所展现的视角是故意选择和裁剪出的可用建筑场景的某个部分。这种提示也出现于霍普其他描绘房子、铁路交叉口和高塔的画面。他一次又一次地暗示，这些被选择的视角仅仅是更大范围的整体的一部分。

这种技法是一种经过深思熟虑的策略，接下来的一件作品中也有所展示。1927年，霍普绘制了著名的《灯塔山》（见第38页），并于同年绘制了两张与之相似的水彩画：第一张只展示了灯塔的基座，第二张近乎展现了灯塔的整体，却裁去其尖顶。这种对局部视角的关注与油画《灯塔山》息息相关，它提供了一种边界，在此之外，我们什么也看不到。空间边界表达了一个历史转折点：不顾水手们的抗议，伊丽莎白角灯塔站（缅因州波特兰附近）的西塔将被拆除。霍普在描绘这一边界符号时，也保留了对19世纪鲜活的航海活动的记忆。这幅画与《周日清晨》具有同样的模糊的特质，它不仅呈现了一幅宁静的景象，还对20世纪30年代的大萧条予以注释[16]。

尽管霍普后来宣称，《周日清晨》"几乎是第七大道的直接表达"[17]，但这幅画显然受到了他特有的双重隐喻的影响（在任何情况下，建筑立面似乎都是某些令人难忘的剧院的复刻）。霍普起初打算在二楼的窗边画一个人，后来又决定不让任何人出现在这幅画里，这一事实说明了他对建筑的重视。这些19世纪的店面和建筑物明显地强调了一种社会冲突：美国个人主义理想（这种理想通常表现为财务上的自给自足和独立）与企业侵占之间的冲突。霍普在这幅画中隐约

灯塔山

Lighthouse Hill

1927年，布面油彩，71.8 cm × 100.3 cm

达拉斯艺术博物馆

莫里斯·珀内尔夫妇赠

海岸防卫站
Coast Guard Station
1927年，布面油彩，73.7 cm × 109.2 cm
新泽西，蒙特克莱艺术博物馆

展示的东西，在后来的作品中变成了一种固定的视角，它也获得了更为精确的关注点：霍普越来越倾向于在特定的社会环境中塑造人物。

尽管都与20世纪20年代末的社会背景有着密切的联系，描绘城市场景和灯塔的画作却产生了截然不同的影响。《灯塔山》更具有无穷的表现力，这要归功于霍普选择的角度、色彩和他对光影的使用。我们从下方看到灯塔，前景和中景的山丘如同海面上的波浪起伏不定。这些海浪的顶端被阳光照耀，底端则十分昏暗，以至于其面积和纵深并不能清晰地呈现。穿过这些山丘似乎可以到达灯塔，但我们知道，这幅画右边所裁掉的部分正是直入大海的崖壁。

霍普在建筑和自然景观中对光影的运用不仅建立了清晰的轮廓和界限，还将我们所见之物陌生化，使初看如此真实的事物具有了乔治·德·基里科等画家的作品中那种我们所联想到的形而上艺术特质。将灯塔垂直地一分为二的阴影让人联想到德·基里科的《无尽的乡愁》（见第35页）中类似的光影游戏（同样应用于高塔）。同样，在这位意大利人的画作中，所选择的角度似乎以一种偶然的剖面图的形式呈现在我们面前。德·基里科同样使用前景线来标注地面。而与德·基里科在天空的映衬下呈现出醒目的亮红色塔顶所不同，霍普的灯塔尖则为蔚蓝色的缅因州天空中加入了奇异的粉白色。

《灯塔山》在结构、色彩搭配、光影运用等方面显示，这明显是一件过渡时期的作品。霍普后来使用了更多光影的相互作用以及色彩高光，以便把房子和其他建筑不仅仅作为文明的主要标志，而是作为其自身的本质矛盾。1927年的《海岸防卫站》（见第39页）就是一个很好的例子。这幅画使用了与《灯塔山》相同的构图方式，但是光影的安排所带来的陌生感甚至更加强烈。画面中的海岸防卫站同样具有《铁路边的房子》的凄凉特性——同样被棘手而冷漠的自然

孤独
Solitude
1944年
布面油彩，81.3 cm × 127 cm
私人收藏

包围着。我们显然是在临海的一侧（以塔为标志）观望站点。在这片土地上没有通路，甚至连通往站点本身的路径也很难辨认。这座建筑似乎在无形力量的支配下，受控于鲜明的明暗对照法。

我们在整幅作品中感受到的对立可以归结于两个垂直的部分：几乎完全位于画面的中心处的白色瞭望塔和红色烟囱。富有质感的光影为作品增添了一种表现力，同时也带来了陌生感，这种效果被对比强烈的白、红、黑色所强化。其结果就是，海岸防卫站在其自然布景中看起来就像（比方说）科布的谷仓（稍晚些创作的科德角的南特鲁罗风景中描绘的一座截然不同的建筑）一样陌生。

20世纪30年代初，霍普在南特鲁罗租下了伯利·科布（Burly Cobb）的房子，随后又在那里为自己建了一所房子。在《南特鲁罗的科布的谷仓》（见第41页）中，霍普利用光影达到了一种几乎抹去草地与建筑之间的分界线的效果。这种印象通过联系建筑物与自然的色彩共鸣而得到加强：谷仓的红铜和土黄色调在田野和山丘中得以再现。这幅画作的基本理念和《海岸防卫站》不无相似之处，但实际效果却大相径庭。霍普并不是在追寻文明与自然之间的分界线，

南特鲁罗的科布的谷仓
Cobb's Barns, South Truro
1930—1933年
布面油彩，86.8 cm × 126.7 cm
纽约，惠特尼美国艺术博物馆
约瑟芬·N.霍普遗赠

城市
The City
1927年，布面油彩，70 cm × 94 cm
图森，亚利桑那大学艺术博物馆
C. 莱纳德·菲佛赠

而是在回归自然的过程中展现文明。事实上，霍普再次对历史性时刻作出回应：在这件作品中是大萧条对农业的影响，它导致了20世纪20年代末农村人口的大量减少，大自然回收了大片可耕地。考虑到这一点，我们便看到霍普在这幅描绘谷仓的画中附加了极为关键的一点。然而，尽管他考虑到了实际的社会环境，我们却仍可能在解读画作中遇到问题，因为《科布的谷仓》同样经过了霍普双重隐喻的处理：对实际情况的详细记录，以及可能暗示出的社会批判。这些都被隐藏在富有表现力的形状与色彩纹理之下。

到了20世纪20年代末，霍普描绘房屋、风景和城市场景的画作已经具有了象征功能，代表着人类的生活条件。完成于1927年的《城市》（见上）就是这方面的典型。在某种程度上，这是一种自我引用，暗指早期的绘画，如1921年的《夜影》（见第31页）。在《夜影》中，霍普使用了戏剧性的视角和对角线来建立一种不同寻常的构图，这也是拜埃德加·德加（Edgar Degas）所赐。《夜影》的戏剧性效果来自我们观看夜行人及其倒影和树影的角度。其中树影不仅尺寸巨大，还在几乎位于画面中间的位置上横贯了垂直的街角，这样的构图仿佛是一个几何练习，中心透视法被彻底颠覆。树影正好穿过画面左侧近乎白色的区域。这是一个动态的构图，它产生了一种明确无误的威胁感，就好像这个人的步行路线（正带他进入明亮的灯光区域）正引导他穿越一个分界线进入一个危险地带。我们可以将之与1924年的《纽约人行道》（New York Pavements）进行比较：画面中一名修女正推着一辆婴儿车，她的头巾被风吹向后方。

《城市》同样富有表现力。房屋立面和街道以类似几何形状的方式分布。小路在左边以相似的方式（就像倒影穿插于波光粼粼的水池一样）与草坪相交。除了一个条纹布篷外，房子的窗户全都空无一物。街上的人影构成了残留的人类迹象。关于他们没有什么可说，除了他们走路的时候似乎在倾斜身子抵抗风力。如果我们再仔细观察，就会发现他们似乎都在向不同的方向倾斜。尽管从整体来看这似乎是一个平静的构图，但这种古怪的不协调感以一种令人不安的方式破坏了这种平静。

从中可以看出，即使在没有人类形象的地方，或者在人类形象无足轻重的地方，霍普仍在用他描绘房屋和城市的视角来暗示支配现代生活的力量。这样的线索在霍普作品中的表达一直延续到1942年的《宾夕法尼亚州的黎明》（Dawn in Pennsylvania），在这幅画中我们看到了一个区域（被铁轨一分为二），那里不仅荒无人烟，甚至看起来充满了敌意。另外两幅完成于20世纪40年代的画作——创作于1944年的《孤独》（见第40页）和1945年的《两位清教徒》（Two Puritans）则密切相关。在《孤独》中，路边的房子坐落在一条消失于地平线的公路上，由于强烈的色彩和位置，它似乎成了景观中的外来入侵者。从房子到公路没有留下任何痕迹；事实上，房子似乎有意选择了隐藏在树林中。该构图的右侧则提供了一处环绕着房子的自然环境，而左边则如此不同，以至于几乎可以作为一幅完全不相关的作品的组成部分。

《两位清教徒》采取了相同的策略，与《铁路边的房子》（分界线是偶然放置的）不同，这两幅画令人联想到的是刻意排斥的感觉。《孤独》中的房子通过它所处的树林区与文明分隔开来，而在《两位清教徒》中，我们看到两座房子不仅被前景中的树干分隔开，还通过白色的栅栏彼此隔开。讽刺的是，这些垂直物还作为男性生殖器的象征，从而与标题的含义相抵消。

这两件作品都引入了一种心理分析和戏剧元素来划分室内与室外，这种趋势在霍普1945年的画作《旅客房间》（见第45页）中变得更加明显。这是一个自相矛盾的、弗洛伊德式的世界，其中暗示出让我们感到慰藉和不安的事物都具有同样的根源。这所房子打破了夜晚，提供了舒适和（各种意义上的）住所。灯火通明的房间和树篱旁的招牌保障了安全。尽管如此，霍普仍在舒适度和安全性上留下了一个问号，也就是说，房子里看不到人影，连光线都有一种神秘

的特质，仿佛所有光线都源自单一的光源，照亮着整个房子。这幅画超越了现实主义。这幢房子也许让人想起了蒙克的《暴风雨》（见第44页）中那幢以一种奇怪方式照亮的房子。值得注意的是，在霍普的画作中，房子是唯一一个被远处（不明）光源照亮的事物。两处光源——内部与外部，在房子前交汇。这种古怪、陌生化的光线效果可以与勒内·马格利特的《光之帝国（二）》（见第91页）中的类似表现相比较。

双重光源赋予了这幅画独特的整体效果，并以双重方式将画面的内容进行整合安排。霍普在运用这一手法时，越来越偏离现实主义的范畴。他的画作表达了无意识的幻想，拒绝纯粹按照象征主义或图像志来进行阐释。它们以图像替代叙事或表征，这些图像不仅表达了对某些外部现实的生动描述，实际上还通过拉近图像和所指对象之间的距离成了自我参照。

顶图
记事本，第三卷，第13页，《旅客房间》初稿
Record Book, volume III, p. 13, entry for painting
Rooms for Tourists
1945年9月
纸上墨水和铅笔，30.2 cm × 18.4 cm
纽约，惠特尼美国艺术博物馆
劳埃德·古德里奇赠

上图
爱德华·蒙克
暴风雨
The Storm
1893年，布面油彩，91.5 cm × 131 cm
纽约，现代艺术博物馆

旅客房间
Rooms for Tourists
1945年，布面油彩，76.8 cm × 107 cm
纽黑文，康涅狄格州，耶鲁大学美术馆
斯蒂芬·卡尔顿·克拉克遗赠

人与自然

霍普20世纪40年代的画作可追溯于他早期的草图和理念，这些内容表明，霍普的城市风光和表达自然与人类文明冲突的画作中总是包含一种可从心理学角度进行分析的经验。在他的作品中出现的两个领域的标志是可以互换的，然而不仅如此，两组标志合起来的效果却往往是单一、统一的集合。既然如此，那么霍普在绘画中引导着我们从自然领域进入到文明领域的视角也往往可以逆转：这两个领域最终是一个对称设计的两半。

我们可以在艺术家绘于1938年的《包厢C》（见对页）中看到这种互换性。这幅画在运用早期方法的同时，也使人感到陌生。透过火车车窗，我们看到了一处风景，其特征（一条河、一座桥和黑暗的树林）重申了我们所熟悉的二分法。这幅画也有它自己独特的能量，因为我们看到该场景的角度是倾斜的。

集中在车厢的一个角落的画面产生了双重效果。孤独的旅行者坐在车厢里看书，奇怪的是，这个车厢似乎比它实际可达到的面积要大：她仿佛坐在宽敞的家中一张豪华扶手椅上。而火车底盘似乎在向远离我们的方向扭动着——因此，透过车窗看到的风景是二维的，就像一幅风景画：它可能是在里面，也可能是在外面。透过窗户看到的景色，既暗示着与自然界的分离，也暗示着一种影响感知即时性的变形过程。事实上，看书的女人是孤立的象征；她把自己封闭起来，她的注意力集中在一个不同于直接再现的符号系统上。确实，《包厢C》中的孤立十分低调。如果有什么不同的话，那就是这一点加强了这种情绪的模糊性。色彩的运用有着建立参照点的效果，而不是创造一个休止符来分隔室内和室外。女人全神贯注，却又十分放松。

1939年的《纽约电影院》（见第50页）呈现出一个类似的画面。这一回，一幅电影屏幕代替了火车窗外的风景的位置。这部电影似乎是以阿尔卑斯山为场景，不过，我们对这部电影的窥探只占据画面中的一小部分。事实上，这部分在包含了舞台、华丽的天花板以及灯光、柱子和幕帘、走廊和楼梯的宏伟的

在霍普的作品中，窗户（作为眼睛、空缺、门槛、寂静、迷宫、逃脱）是追求者、被追求者和目击者之间虚假交易的一种共同特征，而我相信，这一点还几乎没有开始被人理解……相反，他做到了中立，这使得他的画作可以被大量解读，这取决于观察者的能力。

——布莱恩·奥多尔蒂（Brian O'Doherty）

包厢C，193号车厢
Compartment C, Car 193
1938年，布面油彩，50.8 cm × 45.7 cm
私人收藏

内景面前显得微不足道。这是一个充满活力的内景，其动感十足的设计与右侧女引座员的呆滞形成了鲜明的对比。女引座员似乎沉浸在自己的世界里，正如《包厢C》中看书的女子。她的孤立通过构图的视角得以强化，将我们的注意力首引至那堵将影院观影厅和出口一分为二的墙，然后是女引座员所站的位置无法看到屏幕这一事实。从中我们可以得出结论，这名女子（通过其漠不关心得以判断）无须通过影院提供幻觉或逃避现实。

霍普在1963年创作的晚期作品《幕间休息》（见第63页）中发展了这一概念。但后一幅画作有所不同。在《包厢C》和《纽约电影院》中，他的描绘对象是在孤立的状态下自我沉浸的女性，这种情况也暗示着有某种安全和舒适作保护。但在《幕间休息》中，主题似乎完全变了样。画中的女人独自一人在礼堂里，这是一个由座位、紧急出口和部分舞台组成的无遮蔽场景。是她自身传达出了孤独的遗弃感。画面主色调是墙的北极蓝，唯一的暖色来自座位、地板和舞台。其效果是强调了快乐的缺失——毕竟，这是中场休息，女子没有在观看任何东西。

1957年的《西部汽车旅馆》（见对页）在主题的选择上十分类似。霍普再次使用了一种陌生化的外景：透过汽车旅馆的巨大的窗户，我们看到的景象如同典型的西部电影布景。然而坐在床上的女人并没有在凝视窗外的景色，她向我们转过身来，整体效果如同在一个定格在背景之中的风景画里看到一名肖像画模特。一旦我们注意到这一点，就不应该忽视这种平衡惯性的运动感。确实，汽车和街道（以及手提箱，暗示着出发或到达）似乎在某种程度上被女人僵硬的表情剥夺了活力。尽管如此，光线却似乎为这种情形恢复了能量，即使它将室外景象定格成如同电影布景的外观。窗外景色的效果与《包厢C》中瞥见的火车外风景或是《纽约电影院》中的电影屏幕类似。

在这件作品中，能量和惯性的冲突十分紧张，当然这也是一种心理上的本性。停在外面的汽车引擎盖给人一种男性生殖器的联想（毕竟这是一个汽车旅馆的场景）。这是霍普在后期作品中不断完善的一种方法。如同梦想工厂的美国景象让人回想起那些快被遗忘的过去的画面，自然与文明在那时以一种获取新世界核心象征的重要性的方式相遇。

在霍普不同作品之间建立联系的主题留下了（可以这么说）一连串的心理线索。它们是潜在的或被压抑的身体欲望的标志，这种欲望是美国社会经验和感知的一部分。呈现自然与文明的对峙，或唤起自然环境中早期生命形式的画作，充分说明了身体在文明进程中遭受压抑的方式。

从这个意义上说，霍普的《女子秀》绝不是他作品中的个例。这幅创作于1941年的作品是对性的一种坦率的赞美。画中展现了一个穿着丁字裤的中年脱衣舞女，她的身体在聚光灯下十分出挑，她的乳头和嘴唇被涂成了红色，一头红头发十分飘逸。其他同样接近性领域的画作则比较含蓄，带着霍普特有的谨

西部汽车旅馆
Western Motel
1957年，布面油彩，76.8 cm × 127.3 cm
纽黑文，康涅狄格州，耶鲁大学美术馆
斯蒂芬·卡尔顿·克拉克遗赠

慎。不过，就画家的生平和心理而言，《女子秀》之所以重要，是因为画中的女子实际上就是画家的妻子乔——正如一幅预备习作（见第11页）所表明的那样。在这幅习作中，明显可以通过这个女子的特征认出乔。换句话说，在霍普作品中所有其他的模糊类型之外，我们必须加上一个特殊的性模糊类型：一方面，艺术家明显是投射性幻想；另一方面，他是在把这些幻想引向婚姻欲望的合法范围。霍普艺术的其他方面也潜藏着这种矛盾心理。这不仅体现在霍普对自然与人的二分法解读中，还体现在他对城市生活和职场世界的描绘中，同样既直白又含蓄。

以1955年创作的《南卡罗来纳的早晨》（见第52页）为例，在这幅画中，霍普的二分法被表现为一种趋向于心理学阐释的张力。海滩边的房子建在一块凸起的混凝土或石头平台上，就像一个自然环境中的人造岛屿。这幅画真正的中心是那个女人的形象，她穿着红色连衣裙和黑色的鞋子。衣服几乎是透明的，布料的剪裁和垂感强调了女人身体的存在感。在这个近乎几何式的构图中，女人的身体是主导，霍普达到了一种自相矛盾的效果：女人的穿着好像是要出门，其姿态看上去像是静止不动的缩影，同时一种潜在的、难以抑制的活力也存在于她提出的性挑战中。

霍普在他的两幅城市场景中又回到了这个话题。1943年的《夏日时光》（见第54—55页）展现了一名年轻女子穿着袒露胸口的轻薄的连衣裙站在城市里一栋建筑物的台阶上。她面对着太阳，姿势有点挑衅的意味。在她身后，敞开的前门一片漆黑。霍普通过展现窗帘从一扇敞开的窗户（窗户另一侧的房间再次陷入黑暗之中）向后吹起，为建筑的几何结构带来了生机。霍普的早期习作表明，这些窗帘直到最终版画作才被添加进去。可能的性暗示似乎十分明显。对室内的强调吸引着我们，还有象征男性生殖器的柱子，使这条街道成为一个由潜意识欲望和预期的愿望满足的综合体。

在1962年的《纽约办公室》（见第56—57页）中，我们看到一个在办公室里的女人。我们透过一扇大窗户看到她，从窗户照进来的光线使她的形象更加突出。她就像一个电影明星：窗户就是电影屏幕，我们（观众）的隐秘的愿望就投射在上面。霍普十分频繁地使用这种方法。例如，在1940年的《夜间办公室》（见对页）中，女人决定了视觉焦点的固定之处；霍普为该作品所做的预备

纽约电影院
New York Movie
1939年，布面油彩，81.9 cm × 101.9 cm
纽约，现代艺术博物馆
匿名捐赠

习作表明，他从多种可能性中选择了最具挑逗性、最性感的女性姿态和形象。

《纽约办公室》和《夜间办公室》的对比凸显了霍普在这20多年里创作的一个重大变化，这种变化将两幅画作区分开来。在《夜间办公室》中，性张力被明确而明白地表达出来。相比之下，另一幅的夜晚办公室的场景则展示了霍普成功地将潜在的心理和性幻想（就像他的许多作品中所暗示的那样）以一种隐秘的、看不见的主导力量表达出来。

可以说，1953年的《小镇办公室》（见第53页）也是如此。从办公室窗户往外看的人不仅仅是在看向地平线，也可能是看向对面大楼的立面和屋顶。更确切地说，其办公室的直线结构和在左侧背景中看到的没有窗户的大厦似乎表明，他被关闭在体验领域之外。对面的房子可追溯到另一个时代：这是一座以

夜间办公室
Office at Night
1940年，布面油彩，56.2 cm × 63.5 cm
明尼阿波利斯，明尼苏达州，沃克艺术中心
T. B. 沃克基金会基尔伯特·M. 沃克金赠

南卡罗来纳的早晨

South Carolina Morning

1955年，布面油彩，76.2 cm × 101.6 cm

纽约，惠特尼美国艺术博物馆

为纪念奥托·L.斯佩思由其家人捐赠

强烈的色彩呈现出来的19世纪的建筑。但是我们不能看到窗子里面的内容。至于这名男子所坐的办公大楼，右下角的细节表明它有一个假的临街面，让它看上去与镇上更为古老庄严的建筑一致，而这种一致性是它本质上所缺乏的。这幅作品展现了一幅关于疏离和失落的图像。它同样（不太明显地）表达了渴望。

在霍普的一些带有心理学重塑特征的作品中，女性身体不仅表现出渴望、欲望和性挑战，还强调了一种激发着保护本能的亲密感。事实上，正是霍普描绘的女性的画作表明了我们需要在更为广阔的语境来观看他的作品，而不仅仅是依据直接的描绘对象。绘于1944年的《城市的早晨》（见第58页）展现了站在窗前的一名裸体女子。窗外是一座城市的场景，但是那个女人没有往外看，而是看向房间的一个从我们的视角看不到的角落。当我们观看这幅画的时候，这个女人给人一种特别无助的感觉。我们从侧后方的视角看到她，没有刻意的姿势，她的腿被画面削剪了（与习作中展现的全身相比，参见第59页）。这样做的效果，加上她自然的、无意识的拿毛巾的方式，赋予她一种脆弱感。房间内没有太多光线，相对的昏暗使它像洞穴一般，在某种程度上与刚开始晴朗无云的一天的外部世界隔绝开来。女人本身的轮廓是由光影塑造的，这种效果凸显了她的形象，但同时我们也了解到她只是碰巧站在光线里。这不是一幅关于魅力的研习之作。女人身上的光线漫无目的，色彩的使用抹去了带有情欲色彩的高光。她赤裸的身体只是光线中的一个物体，一个符号，但这并非无足轻重。

与1952年的《早晨的太阳》（见第60—61页）相比较，画中再次展示了房间里的女人，早晨的阳光照在她身上。不过，这一次，这个女人坐在床上，故意面对着太阳。在房间灰白色的映衬下，她的朱红色连衣裙显得十分苍白，透过窗户看到的建筑顶部构成了唯一有力量的色彩对比。这个女人也给人一种毫无防备的印象。她光着腿，双臂环抱着小腿，已经化好妆的脸上表情僵硬，如同面具一般。

《城市的早晨》中的女人在光与影之间镇定自若，对着未知的事物无意识地保护着自己，手中拿着毛巾不仅在身体前，还处于一个可以挡住太阳的位置；而《早晨的太阳》中的女人则完全地臣服于将她物体化的光线之下。尽管她的

第54—55页
夏日时光
Summertime
1943年，布面油彩，74 cm × 111.8 cm
威明顿，特拉华艺术博物馆
朵拉·塞克斯顿·布朗赠

小镇办公室
Office in a Small Town
1953年，布面油彩，71.7 cm × 101.6 cm
纽约，大都会艺术博物馆
乔治·A.赫恩基金

他的构图源自观察、印象和思考的综合
体，经过精心而理智地规划，以事先设
想的绘画语言渐渐成形。

——威廉·C. 塞茨（William C. Seitz）

纽约办公室
New York Office
1962年，布面油彩，101.6 cm × 139.7 cm
亚拉巴马，蒙哥马利艺术博物馆

城市的早晨

Morning in a City

1944年，布面油彩，112 cm × 153 cm
威廉斯敦，马萨诸塞州，
威廉姆斯学院艺术博物馆

姿势如同海滩上的人，但在她身后，光线投射在墙上的明亮四边形似乎让她处于一种令人生畏的控制之下。投影与逆投影（霍普曾反复将二者分别作为绘画题材和心理学基础）的相互作用在这幅画上被简化为最简单的组成部分。房间和女人的身体同样被光线支配。一幅预备习作（见对页，下图）表明，这幅画最初旨在作为光照在人体上的效果的一次练习；事实上，这幅作品展现了霍普利用对绘画理念和观点的支配而走向抽象化，使具象和叙事转换到从属地位。

这种为霍普的作品带来了进一步的矛盾性的抽象元素在1949年的《正午》（见第65页）和1950年的《科德角清晨》（见第64页）中也有所体现。《正午》的情形乍看之初似乎足够清晰。一个没有穿好衣服的女人，带着期待的神情站在门口。事实上，这幅作品在心理学和美学上都很复杂。一方面，霍普利用这个女人进行了光影美学探索（她身上的阴影是房子上几何阴影的延续）。另一方面，光线造成了一种陌生感，白色的墙壁与蓝天、红色调的烟囱和地基形成了鲜明的对比——在这种光线下，这个女人就像是暴露在聚光灯下。其效果近乎淫秽。女子的晨衣敞开着，几乎可以完全看到她的裸体，晨衣及其各部分的垂直线条与门框、门板的垂直线条以及楼上（卧室？）窗帘的间隙相对应。这种对空缺的强调带有一种浓烈且显而易见的影射。充斥着画面的光线对应了充斥着女人身体的男性幻想。《正午》的标题带有一种决一胜负的讽刺意味——也许是激烈的冲突中，男性与女性欲望的交汇？

在《科德角清晨》中，女人和房子再次合体，尽管形式截然不同。在《正午》中，女人和房子双双暴露在阳光下以及观众的凝视和幻想中。在《科德角清晨》中，我们从飘窗看到那个女人具有一种戒备的神情。标志着自然环境的树木向海湾倾斜，也许是随风摆动。这个女人似乎在凝视着窗外，她那表达着憧憬和欲望的身体得以着重塑造。然而这却是一具不可得的身体；女人用双手支撑着自己，可以说是完全掌控着自己的身体。如果我们把这幅画与《早晨的太阳》以及其他类似的画作进行比较，就会发现霍普在这幅画中达到了一定程度的抽象化，这种抽象化实际上产生了强调作品的心理元素的效果。他很大程度上把《城市的早晨》甚至《早晨的太阳》中的叙事元素放在一边——这些元素与窗景的艺术传统以及画家自身生活的各个方面都有密切联系。自然外景和室内景观都被陌生化了。自然与文明、人体与房屋，都被霍普用作系统中的符号，来在构图中传达潜意识的图像和幻想，而这些构图乍看之初只有一种具象功能，在仔细考量之后，我们就会意识到，（绘画的）图像和（心理的）意象之间的界限早已不再适用。

只有牢记这一点，我们才能正确地理解1948年的《早晨七点》（见第62页）。画面被建筑物的白色和森林的黑暗一分为二。在某种程度上，它是"关于"自然与文明的边界：其张力来自森林原生态的偏远与房屋所代表的驯化。即使没有人物形象出现，画面所传递的信息也足够明显——这两个区域无法相互沟通。然而，画中二者的互斥性却也得以颠覆，事实上，被排斥的部分已经是双方的组成元素。这一幅不同于霍普大部分画作中昏暗且不祥的森林，它拥有使之看上去更容易接近的纵深感。同时，虽然这座房屋看似可供我们参观，但事实上这只是它的表象。我们实际上能够看到的只是作为商店的一部分，那里有一台时钟和一台收银机。右边的窗户因拉下的百叶窗而显得昏暗，画面的裁切将建筑物的私人住宅部分从我们的视线中移除。可以到达的森林深处与无法进入的房子抵消了易接近与不可接近、文明和自然之间的任何所谓的清晰界限，而人类均被排除在这两个领域之外。

这些画作中所展现的概念线条得以扩展，并在1951年的画作《海边的房间》（见第84页）中以更为紧密的形式表达出来。这又是一个包含了几何结构的局部视图。然而在这幅画中，光与影的边界在门与海水的交界上相互呼应。这种效果为作品赋予了一种不太真实的维度。如同在一幅马格利特的画中，大海似乎是画中之画，门框成了画框。通向外部的视线有效地混淆了透视，为前景的朴素空间赋予了内在活力。透过大门看到的景色赋予了对高度的感知和对深度

《城市的早晨》习作
Study for *Morning in a City*
1944年，纸上色粉，56.2 cm × 38.1 cm
纽约，惠特尼美国艺术博物馆
约瑟芬·N. 霍普遗赠

《早晨的太阳》习作
Study for *Morning Sun*
1952年
纸上色粉和石墨，30.5 cm × 48.1 cm
纽约，惠特尼美国艺术博物馆
约瑟芬·N. 霍普遗赠

早晨的太阳
Morning Sun
1952年
布面油彩，71.4 cm × 101.9 cm
俄亥俄，哥伦布艺术博物馆
博物馆购买：霍瓦尔德基金

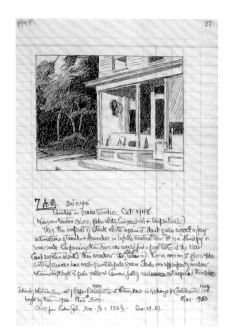

爱德华·霍普日志, 他的作品,
第三卷, 《早晨七点》, 第27页
Journal Edward Hopper, His Works,
Volume III, *Seven A.M.*, p.27
纸上墨水, 30.2 cm × 18.4 cm
纽约, 惠特尼美国艺术博物馆之图书馆
劳埃德·古德里奇赠

的错觉。门槛的斜角引发了一种视错觉: 地平线似乎微微拱起, 显得十分遥远。

在这幅画中, 正是霍普方法中的细节营造了感知上不真实的扭曲。画作和现实之间的界限通常是观看一幅画作时的任何行为的基础, 却在这幅画中遭到质疑: 以看似逼真的方式描绘出的大海看上去像是一幅画, 而以现实主义手法描绘的房间看起来则像是想象力的产物。我们的感知过程被打乱, 它与我们接受这些图像的表面价值的意愿成正比。这幅画的目的并不是要明确地表现现实, 或将现实与幻境区分开来, 它的作用不过是反射或映照。

如果我们把这幅画与霍普所使用和引用的传统内容联系起来, 就能充分看到其颠覆性。他不仅是在质疑图像与意象的关系。再现的过程本身就是一种欺骗, 一种不实的虚构。这是在试图继续伪装一种能够再现的有序现实, 一种个体早已不再经历的现实。观看霍普晚期的绘画作品, 就是在不断地面临对纯粹现实主义的颠覆。

早晨七点
Seven A.M.
1948年, 布面油彩, 76.2 cm × 101.6 cm
纽约, 惠特尼美国艺术博物馆
购买与置换

幕间休息

Intermission

1963年，布面油彩，101.6 cm × 152.4 cm
旧金山现代艺术博物馆
为纪念伊莱恩·麦基翁

科德角清晨

Cape Cod Morning

1950年，布面油彩，86.7 cm × 101.9 cm

华盛顿哥伦比亚特区，史密森美国艺术博物馆

正午
High Noon
1949年，布面油彩，69.9 cm × 100.3 cm
俄亥俄，代顿艺术学院
安东尼·哈斯韦尔夫妇赠

自我与他者

霍普一次又一次地从事物在想象中的变幻过程中留下他自己的观点。在我们已经提到过的其对爱默生和歌德的思考中，霍普直接把绘画行为与记忆联系起来，并在此过程中找到了德加的一句十分适用于其目的的陈述："复制所见之物已是不错，但是画出留在记忆里的东西则更胜一筹。这是一种想象与记忆相结合的转变。一个人只能复制那些引人注目的东西，也就是必要的东西，回忆与创造因而从自然的暴政中得以解放。"[18]

当霍普为1933年的现代艺术博物馆回顾展撰文时，他把自己的艺术描述为一种"（其自身）对自然最为亲密的印象的转录"[19]。他不仅是把注意力吸引到自己作品中的个人元素上，还醒目地将决定性的、从概念转变为实体的质变过程，描述为"衰败"[20]的一部分。

如果我们仅仅将霍普视为一名描绘美国式风景的画家，就不能清楚地掌握这一点：所有画作在某种意义上所表达的死亡或衰败也是霍普的作品"相关"的一部分，因为它们都通过转变成图像的方式破坏了感知的即时性。

这不仅是霍普独特方法的根源，也是他批判现代艺术的根本："我认为很多当代绘画根本没有（由你最初的想法生发的）那种元素。这都是大脑的创造，完全不是通过想象孕育出来的。这就是为什么我认为许多当代绘画都是虚伪的，因为没有亲切感。"[21]

毫无疑问，这种对抽象艺术的攻击被夸大了。霍普让步于抽象艺术的"发明"和他自己艺术中所宣称的"想象"之间的界限是站不住脚的[22]。事实上，霍普的心理学层面的现实主义，通过使用多种陌生化的技巧，十分讽刺地体现出与威廉·德·库宁（Willem de Kooning）及其他美国抽象艺术家所用技法的诸多相似之处。这些艺术家在作品中融入分裂的元素，以迫使我们通过近距离的仔细观察，自行填补这些鸿沟。同样，霍普的作品也运用了距离和分裂来创造一种对多元阐释的开放性。虽然美国风景画家倾向于将其画面呈现为一个

他的取景既能唤起人的注意力，又能让人产生挫败，有时暗示了动作和变化，同时又能牢牢地把握住主题，因此他最好的作品就像是一部终生电影的定格画面。霍普的视角、取景和布光经常采用电影和剧场的规则。

——布莱恩·奥多尔蒂

自动贩卖式餐馆
Automat
1927年，布面油彩，71.4 cm × 91.4 cm
艾奥瓦，得梅因艺术中心
以埃德蒙森基金会的资金购买

封闭的系统，但霍普的视角却激起了我们的反应，建立了一种互文式交流，这种交流的意义只有在感知的行为中才能显现出来。霍普晚期画作的微妙之处在于其结构的无缝连续性和基本的表现手法。这种流畅性早在 1927 年的《自动贩卖式餐馆》（见第 66 页）中就有所体现。其模糊性同时来自标题和内容。这个标题显然不仅与自动配餐有关，而且首先与画中的女子本人有关。她那旁若无人的姿势，她的疏离与沉默，都因画面的几何结构和那把空椅子而强化。窗户的矩形直角被反射在窗格玻璃上渐行渐远的光线所平衡。当然，这种距离具有迷惑性，因为它实际上不过是一处内景的反射。事实上，窗户外面什么也看不见，它只是强调了餐厅的几何规整性，（如同所表现的那样）把那个女人限制在一间玻璃温室内。

正是这种对反射的运用，使这幅画具有了最丰富的不确定性。标题强调了女人的处境：她在这个受限空间里的反应是预设好的，此外她僵硬的姿势与固定的目光如出一辙。她的右手裸露在外，左手却仍戴着手套，左手的暗色调与她面部、喉部、右手和双腿上苍白的皮肤形成对比。由此，她周围环境的僵硬和不自然延伸到了她自己身上，并造成了我们在她身上所感受到的紧张感。她的身体的存在仍是可感而真实的，但她却已经与一个技术社会的生活秩序融为一体。甚至那一碗水果，其诱人的红色固定了视觉中心，与女人的口红形成呼应，让人想起逝去的自然生活。

1929 年的《杂烩》（见第 4 页）显然与之相关。窗户具有边界线的效果，并将我们的注意力更为密切地引向室内。透过左后方的窗户，我们只能看到几何

这并不是对一处场所的精确记录，而是根据对附近事物的草稿和心理印象拼凑起来的。

——爱德华·霍普

酒店大堂
Hotel Lobby
1943 年，布面油彩，81.9 cm × 103.5 cm
印第安纳波利斯艺术博物馆
威廉·雷·亚当斯纪念收藏

硬座车厢
Chair Car
1965年，布面油彩，101.6 cm × 127 cm
私人收藏

形状，无法分辨它们代表了外面的住宅墙壁，还是天空扭曲的倒影。右边的窗户仅仅提供了一片被切割的外景：我们可以看到建筑立面、逃生梯、被分割的天空和杂烩餐馆的部分霓虹灯。两个年轻女郎，戴着20世纪20年代特有的钟形帽，那个凝视着我们的女子脸上化着浓妆，给人一种僵硬的、木偶般的印象。这一点尤其适用于这名穿绿衣服的女子，与其说她是在看她的同伴，不如说是在凝视着画面之外的我们。后面那个戴红帽子的女人看上去更加僵硬：我们只能看到她的侧面。她的男性同伴似乎沉浸在自己的世界里，其面容也消失在阴影之中。

　　不过，女性的浓妆当然是诱惑的信号。杂烩餐馆的指示牌可能暗示着这家餐厅位于城镇的一处娱乐区：指示牌的红色与女郎口红的红色相呼应，牌子上的单词字体（suey）乍看之初似乎在暗指"性"（sex）。在这一构图中，惯性、背弃和诱惑的主题交织在一起。和霍普的诸多画作一样，《杂烩》需要在不同的

铁路边的旅馆
Hotel by a Railroad
1952年，布面油彩，79.4 cm × 101.9 cm
华盛顿哥伦比亚特区，赫希洪博物馆和雕塑园，史
密森学会
约瑟夫·H.赫希洪基金会赠

层面上进行解读。

　　1931年的《酒店房间》（见第82页）和1943年的《酒店大堂》（见第68页）以类似的模棱两可的方式发挥着作用。半裸的女子坐在床上阅读，这表现了她的躯体和脆弱，她全神贯注地看书，引发了一种对她为何独自坐在酒店房间的叙事语境的思考。在《酒店大堂》中，坐在前台看书的年轻女子取代了预备习作中的男性人物形象。她给人一种充满活力的印象，体现于她金色的头发和伸长的双腿。霍普在感官层面呈现着她的身体；而她却在专心阅读，这就导致了一种奇怪的张力。相比之下，背景中那对准备出门的老夫妇，看上去如同裁缝用的假人那般毫无生气。

　　在创作于1952年的《铁路边的旅馆》（见上图）中，霍普再次为所绘内容加入隐喻。画中的男女并没有看向彼此，二人对各自兴趣的全神贯注既确立了共同点，又建立了通常意义上的分界，这一点通过截取过的视角得以强调。透过窗户，与那个男人注视的方向呈一定角度，我们可以看到一堵墙和一扇关闭的窗户。在镜子里（它和窗户一并成为构图的核心），我们只能看到模糊的色彩反光。女人的注意力集中在她的书上，男人的注意力则集中在外部我们看不见的事物上，我们的视线则结束于墙壁、紧闭的窗户和毫无反光的镜子上。换句话说，这幅画作创造了动态、界限和表面之间复杂的相互作用，同时也突显了预设的愿望和实际所见之间的差距。

1956年的《酒店的窗户》（见第72页）采用了类似的手法。我们不能确定画中这个女人实际上是在看向窗外，还是仅仅陷入了沉思。不管怎样，我们透过窗户看到的一切都像舞台布景一样毫无生气。街道光线很暗，我们辨不清对面房子的任何细节。场景的死气沉沉似乎感染了这个女人：她的姿势十分紧张，她的大衣极不自然地披在身上，像是被固定成型，抑或被风掀起。构图利用色彩和光的效果将我们的注意力集中在房间的一个角落上，至少起初是这样，这让女子和窗户看起来偏离了中心位置，如同在画作中标出一道界限。这样的视角和对比的应用使窗外的景象仿佛同时也在画面之外。

科德角傍晚
Cape Cod Evening
1939年，布面油彩，76.8 cm × 101.6 cm
华盛顿哥伦比亚特区，国家美术馆
约翰·海伊·惠特尼收藏

后来的《硬座车厢》（见第69页，创作于1965年）是相同理念的延续。画面中，两排窗户（汇聚在一个消失点）最终与前景中的画作边界相一致。就像作为一个整体的这幅画作，这些窗子构成了与外部世界的分界线，洒入汽车的光线即是我们所能看到的外部世界的全部。

乍一看，1956年的《四车道公路》（见第83页）的构图概念似乎与此背道而驰。我们看到的是一个完全开放的外景，而不是一个封闭的室内。不过，这两种方法并非截然不同。运动的主题在《硬座车厢》中只是含蓄表达，在《四车道公路》中却占了主导地位，同样通过公路和加油站的象征性存在隐含其中。加油站周围的区域就人而言成为一处内景，房子（通过它的窗户可以看到更远处的树林和另一台加油泵）与公路呈夹角交汇，形成一个隐蔽的角落。画中的人看上去若有所思、十分坚定；在他身后，一个女人从右边的窗户探出身子呼喊着，打破了构图空间的静态统一。这名男子看上去漠不关心、毫无反应，好像根本听不到女人在说什么，尽管他显然离她很近。他那既怪诞又同样沉默的分身（影子）使他更加确立了他那执着的姿态。

这种静态和动态的对立与色彩的平静本质形成对比。近地平线的云朵、树林、草地、公路以及某些我们无法看见的物体或建筑物所投下的阴影，中和了画中两人之间的动态关系。充斥着人类的场景被自然的宁静和两台加油泵的静态存在所抵消，两台加油泵的强烈色彩给人一种近乎装饰性而非技术性的印象。

霍普的许多画作都是以人类场景与空间或环境之间的对比作为主导。《四车道公路》的一幅有目共睹的先例是早在1939年就完成的《科德角傍晚》（见第71页）。霍普自己的评论（参见第68页页边）提醒我们，这幅画中看似如此独

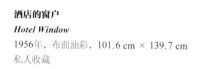

酒店的窗户
Hotel Window
1956年，布面油彩，101.6 cm × 139.7 cm
私人收藏

夜间会议
Conference at Night
1949年，布面油彩，70.5 cm × 101.6 cm
堪萨斯，威奇托艺术博物馆提供
罗兰·P. 默多克系列藏品

特和与众不同的内容，实际上是艺术家通过各种印象和草稿组合而成[23]。两人之间萦绕着的紧张与沉默因周围环境而得以加强，他们既不会给人留下相互交流的印象，也似乎不再抱有共同的希望。没有一条路通向房子，它是一个正被自然收回的孤独的文明栖息地。

我们可以感觉到《科德角傍晚》是一幅异化的场景，家庭规则在此终结，没有未来，如果我们将它与1947年的《夏日傍晚》（第74—75页）相比较，这种感觉会更加强烈。《夏日傍晚》描绘了夜间的一处凉台，两个穿着战后风格服装的年轻人站在暗淡的灯光下。这必然不是一个感情失败的场景，但确实充满矛盾。这两个人如同在舞台上那般被灯光照亮，几乎毫无防备，但却显得十分自信。他们在一个界限清晰的范围内会面，而男人向前的推进包括了对女人的身体的征服。

两幅作品的构图和色彩都暗示了霍普艺术中的象征主义元素[24]。并不是说这些画中的可识别的符号具有特定的附加意义，而是霍普引起共鸣的方法暗示出叙事语境和经验框架。

《夜间会议》（见上）完成于1949年，是霍普为数不多的几张展现人们真正

夏日傍晚
Summer Evening
1947年，布面油彩，76.2 cm × 106.7 cm
私人收藏

交谈的画作之一。画中的 3 个人全然面无表情，似乎是在用手势和动作交流，而不是语言。这场夜间交流在一间没有照明的房间里进行，灯光从外面诡异地照射进来，这个画面中独特的布光方法确立了对这 3 人关系至关重要的分歧。站在女人旁边的那个戴帽子的男人完全处在墙壁的阴影下（墙壁处于我们可以看到的窗户和看不到的第二扇窗户之间）：他是第三者，与其他两人截然不同，他更多的是观察者，而不是参与者。我们不能像解读霍普的诸多其他作品那样明确地来解读这一幅，但他的构图和绘画风格为场景的叙事含义赋予了很大的暗示性。

这对于 1960 年的《二楼的阳光》（见第 81 页）同样适用。尽管霍普本人将这幅画描述为仅仅是"使用几乎或根本不混合黄色的白色表现阳光的尝试"[25]，他的下一句陈述（"任何心理学观点都必将由观众提供"）无须排除心理学解析：这种表达方式的确仍然接纳这种可能性。霍普曾在一封信中赞同了一位名叫弗莱克斯纳（Flexner）的艺术评论家所表达的观点：自然和建筑之间的对比效果与画面中同时存在的耄耋年纪和青春期并行[26]。而且，（在美式拼写中）这个标题可以有两种含义：不仅是房子的第二层，而且还是第二个故事。如果阳台上的年长女人与《夜间会议》中的女子有相似的特征，那么那位年轻的女子就好比《夏日傍晚》中的那个女人。不过这种并置并不仅仅是指女性的两个年龄段。画面中房子两翼上成对的山墙也暗指霍普早期的《两位清教徒》。这种平行地呈现人与房屋的方式为作品的本质赋予了某种二元性。

这样的二元性和张力迫使人们重新评估有关作品的陈述，这在霍普后期的作品中经常出现，也是他晚年创作的典型手法。1961 年的《阳光下的女人》（见对页）证实了这一点。一个裸体女人站在一道狭长的阳光下，引发了矛盾的感觉。一方面，她看起来很自信，对自己的身体有一种完全自然的感觉。另一方面，她看起来毫无防备；其双腿的阴影又长又细，营造出一种脆弱之感。相对黑暗的房间诚然有一种舒适、安全的气氛，但边界却飘忽不定。窗外的背景中有两座小山，像大海里的巨浪一样汹涌隆起。它们与明亮、突兀的光线一并给人带来一种自然侵入房间避难所的印象；在一处传统的内景中，自然在任何场所都要重新夺回主权。当霍普想表达这一观点时，他当然完全有能力摒弃人类形象，正如我们在《海边的房间》（见第 84 页）或晚些创作的《空房间里的阳光》（*Sun in an Empty Room*，创作于 1963 年）看到的那样，一幅画的标题恰恰表明了艺术家正在采用的实验方法。

总而言之，霍普后期的作品表明，他所展现的场景可能设定在自然领域，或是文明领域，但不管怎样都没有任何影响。一幅创作于 1942 年的城市场景《夜游者》（见第 78—79 页）即证明了这一点。这是霍普唯一一幅展现曲面玻璃的画作，也是唯一一幅让观众能够看到玻璃本身的画作。酒吧的弧形玻璃是一个封闭的空间，将人们与城市隔离开来。这种方法和把他们从大自然中分隔出

《夜游者》似乎描绘的是我眼中的一条夜间街道。我并不觉得它特别孤独。我大大简化了场景，使餐厅得以放大。我可能是在无意识地描绘出一座大城市的孤独感。

——爱德华·霍普

第78—79页
夜游者
Nighthawks
1942年，布面油彩，76.2 cm × 144 cm
芝加哥艺术博物馆
美国艺术收藏之友

来如出一辙。酒吧为夜晚的城市提供了唯一的光源；而作品构图的楔形结构建立了富有内涵的种种动态，与早期《夜影》（见第31页）中阴影而非光线起主导作用的动态区别开来。霍普承认，他可能是在无意识地"描绘出一座大城市的孤独感"，但他也强调了构图的随意性，他声称《夜游者》除了展现"格林威治大道上两条街道交汇处的的一家餐馆"[27]之外，别无其他。

当然，这并不能解释这幅画的全部冲击力。它不是，或者不仅仅是汉弗莱·博加特（Humphrey Bogart）或詹姆斯·迪恩（James Dean）关于幻想破灭的解释。这种心理上的张力十分深入。霍普将这对情侣安置在一起，与城市的遗弃和酒吧里第三位饮酒者的孤独形成对照。这就是心理效应的来源：尽管画作的社会冲击力源自其对酒吧和背景商店的呈现，但它主要是一块让人把离散的幻想投射到上面的屏幕。

霍普在1958年《自助餐厅里的阳光》（见第80页）中回归到与之相关的构图中。这幅画和《夜游者》如同互为镜像。其中，《夜游者》是一幅由外向内观看的夜间场景，而《自助餐厅里的阳光》是阳光下一幅由内向外观看的白日场景。在《夜游者》中，相互关系建立在孤立的环境中，而在《自助餐厅里的阳光》中，明亮的光线只是用来强调分离两人的边界。画中的女人对周围可能发

阳光下的女人
A Woman in the Sun
1961年，布面油彩，101.9 cm × 155.6 cm
纽约，惠特尼美国艺术博物馆
阿尔伯特·哈克特夫妇纪念伊迪斯和芳埃德·古德里奇捐赠的50周年纪念礼

自助餐厅里的阳光
Sunlight in a Cafeteria
1958年，布面油彩，102.2 cm × 152.7 cm
纽黑文，康涅狄格州，耶鲁大学美术馆，
斯蒂芬·卡尔顿·克拉克遗赠

生的事情漠不关心，而那个男人的目光掠过她，呆滞地望着窗外——两个人似乎并不是在同一场景中进行活动。他们的视线相交成直角，都身处阳光之中。窗户本身不再具有分隔的效果，要不是窗台上的盆栽植物，室内和室外的界限无论如何也不会如此明显。光具有一种媒介的作用，两个人物在阳光下显得毫无生机；毫无疑问，愿望和欲望仍然存在，正如男人身后那个象征男性生殖器的盐罐所暗示的那样。

《夜游者》和《自助餐厅里的阳光》的镜像效果在1952年创作的《观海的人》（见第86页）和1960年的《阳光下的人》（见第88—89页）中得以重现。在这些画中，情境截然不同。两幅作品都表现了在自然场景下的人面朝太阳。在《观海的人》中，这对情侣的沉默造成了心理上的紧张，画面的构图线条明确表达了这一点。大海和露台构成了水平线，而房子的前缩透视法则通过后方第二座房子的透视式短缩来强调。这些结构线条不仅呈现出绘画空间的深度，还使之戏剧化。前景中绳子上的毛巾被微风鼓起，与画面其余部分（从前景到大海）的风平浪静，尤其是这对情侣冷冰冰的态度，形成了鲜明的对比。

正是这种僵化的停滞为这幅画带来了心理上的深度，技术上的动态强调了这一点。男人和女人并非是在眺望水平线，而是望着下方的海滩和海浪，其目光与水平线平行。虽然他们的身体离得很近，但却给人一种隔离、封闭的印象。自我与他者往往同时存在于霍普的作品中（对比《夜游者》和《铁路边的旅馆》），但却似乎不太可能产生任何真正的交流。

在《观海的人》中，运动和静止之间的对比通过其结构表现得十分鲜明，这是爱德华·霍普作品中的核心对比，似乎也通常标志着沟通中的心理问题。在《阳光下的人》中，这种对比处理得更为简练，甚至更为简单。我们从接近其后方的一个角度观看这群人。第一排的人坐成一行，朝太阳微微倾斜。露台的周边几乎与远处的山谷和起伏的丘陵完全平行。这就造成了两组结构线之间的对比，在这种效果中所感受到的能量反过来与休憩中的人们形成对比。唯一没有被定格和凝视的是左边的那个人，那个读者，他代表了霍普作品中不断出现的全神贯注和积极的自我价值，充满防备地与他者那乏味的木讷区分开来。

二楼的阳光
Second Story Sunlight
1960年，布面油彩，101.6 cm × 127 cm
纽约，惠特尼美国艺术博物馆
以惠特尼美国艺术博物馆之友的资金购买

酒店房间
Hotel Room
1931年，布面油彩，152.4 cm × 165.7 cm
卢加诺，瑞士，提森-博内米萨基金会

从某种意义上说，这幅画是对霍普核心价值的再现，表明他的美国自然场景（就像其设置在文明领域的场景一样）把自然与文明之间的割裂描绘成动态的、流动不定的且可以逆转的。它还强调了转变：将一种心理状态转化为一种关联、一种投射，一种表达沉默和静止的观测场景；自然本身也被定格，就像明信片上那般。然而，当我们观察这幅画时，这种凝固的状态不仅对我们来说显而易见，而且还决定了画中人物的感知和行为。霍普将自然定格在一个全景中，并将我们自己的感知模式与所描绘的人物交织在一起，将一个初看似乎为传统地模仿现实主义的场景，转换成唤起共鸣、富含心理暗示和引发丰富联想的事物。其绘画方法的结构规则已远远超越了再现。

四车道公路
Four Lane Road
1956年，布面油彩，69.8 cm × 105.4 cm
私人收藏

转变现实：作为现代主义者的霍普

尽管爱德华·霍普的画看起来是现实主义的，它们并不仅仅是对所谓真实的再现。它们解构与重建现实，将其转变为超越纯粹经验的东西。就像霍普在画作中经常包含的画中画的视图，一个典型的霍普式构图中最重要的并不是一幅描绘可见事实的图像，而更像是在感知过程和感知能力中形成的一种由分解和割裂所创作出的格式塔（gestalt）。他的作品被恰当地称为"沉默的隐喻"[28]。正如所有的话语都受到潜台词和沉默的支配，霍普的艺术在画作中实际不可见之处同样有其重心。他的艺术制定了使表面状况稳居于深邃意境中的观看与理解之道。

从他早期作品的速写，经由中期更为成熟的表达，再到后期作品的全面、繁复的绽放的过程中，一种连续性显而易见。霍普后期的绘画作品中可能出现了叙事，但它们无一例外都是通过对未被表达事物的认知来产生影响，不论主题是人还是现代生活的本质。霍普的画表现了紧张和孤立感，许多场景中所暗含的沉默在他的美学规划中具有重要的戏剧和交流价值。他严谨的画作结构，有限的题材，以及对光的实验性运用，营造出一种平静和专注的印象，这本身就可以被看作是对社会的一种回应。

如果我们比较一下雷金纳德·马什在20世纪30年代和40年代的作品，就能更好地理解霍普晚期画作中人物和城市的意义。马什也在描绘现代城市的生活，同样将人们的注意力吸引到社会隔阂与冲突上，其作品往往将女性表现为社会变革的催化剂。我们可以把马什的作品称作社会批判，如《鲍厄里的酒鬼》（*Bowery Drunks*），然而在他的职业生涯中，他越来越倾向于描绘这样的画面：女性处于不受束缚的状态，同时却依旧是男性幻想的对象。1934年的《派拉蒙电影公司》（*Paramount Pictures*）模糊了好莱坞梦想世界中的女性和电影院门口的真实女性之间的区别。在1936年的《乔治·C.提里乌的障碍赛马公园》（见第10页）中，我们看到女人围成一圈，好像她们是为了满足男人的欲望而

也许我不是很有人情味。我想做的事就是把阳光画在房子的侧面。

——爱德华·霍普

海边的房间
Rooms by the Sea
1951年，布面油彩，73.7 cm × 101.6 cm
纽黑文，康涅狄格州，耶鲁大学美术馆，
斯蒂芬·卡尔顿·克拉克遗赠

存在。1946年的《检查眼睛》（*Eyes Examined*）则展现了一名女子正处于令人向往的花样年华；相比之下，画中的男人则看上去几乎令人生厌。这些关于社会各方面的近距离简约视角，及其明确的性别符号，与爱德华·霍普的艺术格格不入。和约翰·斯隆的一样，马什的画作采用无情的批评家的眼光将其放大，专注于剥去其描绘对象的面具，而霍普的画作则明显保留了一定的超脱和距离。他本人曾有所保留地将自己的艺术形容为"……关于从东侧街道瞥见的房间的回忆……仅仅是纽约的一小部分，这座城市令我如此兴趣盎然……"[29]。尽管如此，即使他看似最随意的画作也富含意义——这一点有意地体现在他的构图结构中，无意识地体现于它们所影射的权力中。他常见的对透视的独特运用以完整的冲击力在《夜影》（见第31页）中首次出现，这种独特的透视运用表明，他的审视最终是为了寻找表达自己的方式，而不是记录他眼前碰巧可能看到的事物。在这一方面，霍普始终受到德加的影响，这在很大程度上要归功于这位法国画家通过想象和记忆来转变现实的观念。

霍普的城市场景重申了他那以公路和铁路为特色的自然场景的封闭、人迹罕至的沉闷特征。他的布景并不总是那么容易接近，并且暗示了场景和作为观众的我们之间的障碍。这种对孤独的强调和简化，正是霍普与马什和其他描绘美国式风景的画家的共同之处：和他们一样，他拒绝当代美国人将艰难、经验的现实转译为甜美的虚幻图像的尝试。在这个过程中，霍普成功地捕捉到了社会现实和城市生活的本质——正是因为他打破了肤浅的、准乌托邦式的思想和行为范式。而在他担任商业插画师的日子里，他仍需在口头上承认这种模式。

观海的人
Sea Watchers
1952年，布面油彩，76.2 cm × 101.6 cm
私人收藏

安德鲁·怀斯
克里斯蒂娜的世界
Christina's World
1948年
石膏板蛋彩，81.9 cm × 121.3 cm
纽约，现代艺术博物馆

在其绘画作品中，霍普设法把他经常在漫画作品中巧妙表现出来的东西转化成一幅图像，即社会固定的经验模式与个人经验需求之间的相互交织。早在1927年，从霍普对发表在一本杂志（霍普曾为其绘制插画）上的海明威的短篇小说《杀手》的回应中，我们就可以察觉到他针对社会表象的抵触："在浩瀚的巧为粉饰的感伤之作（我们的小说大多由此构成）中艰难跋涉后，能够在一本美国杂志上读到这样一篇真诚的作品，真是令人耳目一新。其中对大众偏见的让步、真相的偏离以及骗局结尾的绝妙技巧，令这个故事毫无瑕疵。"[30]

尽管如此，如果认为霍普的商业作品和他成熟的艺术作品之间存在绝对的差异，那就大错特错了。相反，他后来的作品以引用或回忆的形式，抑或出于装饰目的，使用了来自商业领域的视觉材料。我们可以将其与查尔斯·希勒（Charles Sheeler）20世纪20年代和30年代作品的精确主义，或是理查德·埃斯蒂斯20世纪70年代的超写实主义比较一番，但却必须加入一点，即在霍普对20世纪经验的再现中，总是对消费社会的压力和个人的愿望与需求之间的紧张关系有所察觉。

回想起来，霍普晚期作品的演变让我们发现，其风格早在20世纪20年代就已经有条理地显现出来，当时他所处的位置介于"垃圾箱画派"（以罗伯特·亨利［Robert Henri］、约翰·斯隆等为代表）和"十四街画派"（以马什等为代表）之间。作为对通过1913年的军械库展览进入美国的现代主义，以及阿尔弗雷德·斯蒂格里茨（Alfred Stieglitz）著名的"291画廊"的大力提倡的反应，"垃圾箱画派"开始描绘写实的街景和以社会作为整体的画面。但他们的作品本质上仍是秉承19世纪的传统。画作如斯隆的《布利克街》（*Bleecker Street*）、《周六夜》（*Saturday Night*，1918年）等基本上是对社会工业化作出的图画形式

第88—89页
阳光下的人
People in the Sun
1960年，布面油彩，102.6 cm × 153.4 cm
华盛顿哥伦比亚特区，国立美国艺术博物馆
强生公司赠

埃里克·费舍尔
北非简史
A Brief History of North Africa
1985年，布面油彩，223.5 cm × 304.8 cm
纽约，玛丽·布恩画廊提供

的回应。马什和其他"十四街画派"的画家拒绝田园诗般的倾向，讽刺地运用他们对城市生活的描述来破译社会结构和价值观。

爱德华·霍普和查尔斯·伯奇菲尔德（他曾受霍普的影响，同时也影响了霍普；参见第92页）自20世纪20年代起，就拥有了自己的绘画风格，受到罗伯特·亨利的启发，他们采用自然的表达方式进行绘画。这一点在题材的选择上表现得最为清楚。这两位艺术家（尤其是伯奇菲尔德）都倾向于选择美国城乡之间的地带。他们摒弃了肤浅的社会批判，而是试图以这样一种方式来把握日常场景，把它描绘成一幅图像和一张用来投射愿望与幻想的屏幕。在晚期的作品中，霍普不仅完善了这一方法，还通过这样的方式成功使表象与深层含义形成对抗，其所产生的颠覆性力量远远超出了单纯的判断或批判。我们必须记住，霍普在其1928年关于伯奇菲尔德的文章中，强调了观察和灵感的双重重要性——这为我们了解霍普本人晚期作品的影响提供了线索。

这种影响在很大程度上源于对日常生活的仔细观察。霍普写道："没有一种情绪会糟糕到不值得解读。"[31]现实的再现与画家的转变之间的对立可以追溯到最微小的细节。霍普的许多画作中出现的主题，如今仍可在纽约、格洛斯特和科德角看到——这是将这些作品与照片进行比较后得出的结论[32]。与此同时，这一比较当然还表明，霍普画作的冲击力源自将直接感知到的现实转变成一个美学观念：所绘图像与促使观看行为发生的概念息息相关，而画布上看似写实的事物却让人感到似曾相识[33]。这不是一个需要心理学破译的纯个人经验问题，而是利用了关于图像与概念的集体存储记忆。

在霍普晚期的作品中，这种方法得到了高度发展，甚至演变得更加复杂。一方面，他在破译我们观看方式中的先入之见与简单的模仿再现之间的关系，并表明这两者都受制于一个包罗万象的神秘事物。另一方面，霍普也在探寻主题、内容和美学效果之间的缺口[34]。这便是霍普的作品中流露着冷静与疏离的原因所在。他画中的事物仿佛是透过玻璃看到的。写实与抽象、再现与转变的这种紧张互动，引发了概念上的回应，正如事实表明，我们倾向于运用语言学的手段来解释霍普艺术的影响，因为它被认定没有歧义。霍普的作品有一种隔阂与分裂感，评论家喜欢用文字隐喻来填补这种隔阂。他们把由画作引起的具体感知转化为语言。这是霍普的评论家们必然意识到的一个现象："霍普的画中场景不仅邀请人们对观察者与被观察者进行文字评论，还玩了一个捉迷藏的游戏，在游戏中，艺术家对自我身份的寻求被观众所追逐。这些游戏元素构成了画面内容的一部分——消失、沉默、隐秘、悬念、迷惑、掠影——但却没有结局。"[35]

霍普的艺术所产生的转化力与想象力并不是纯概念特征。不同寻常的是，他那描绘孤独与异化的场景不仅探讨了人与自然的关系，还涉及了有关观众的身份问题。其场景中的观察者（有时有明显的偷窥倾向），往往被等同于身为外部观众的我们，在某种程度上把我们牵涉到场景的心理结构中。与此同时，霍普绘画的受众心理也并非总是那么明确：如他对传统的现实模仿的应用，常常被抽象所覆盖。

基于这些原因，将霍普归类为美国风景的画家似乎不合情理，他本人也反对这种武断的归类。在写到托马斯·哈特·本顿、约翰·斯图尔特·柯里（John Stewart Curry）和其他中西部画家时，他宣称："我认为美国风景画家把美国画成了漫画。我自己也一直想这样做。法国画家不谈论'法国风景'，英国画家也不谈'英国风景'。"[36]然而，能清楚表达美国事物这种独特感觉的艺术作品仍然建立在一种综合的、理智上有序的且心理上加密的基础上，即有关观察、印象和思想的构造。他们使用一种视觉习语，这种习语利用了有限的现实道具汇集[37]。

这说明了霍普的作品如今所具备的双重价值。他对于美国图像的个体转变与共有的神话和观念不谋而合。与此同时，他的作品又远远超越了这一点，表达了一种连贯的真实感业已丧失的社会状态。霍普对细节的谨慎运用从根本上强调了经验与观念、共有神话与社会事实之间心理学与认识论上的断裂。我们认知的目光修正了其画中勾勒出的感知。

霍普晚期的作品一再表明，现实主义如今包含了对真实道具和观众视角的游戏般的操控。一切看起来能够明确破译的事物实际上都是一种构建；所有构建之物天生具有一种心理上的吸引，这使得它们比任何仅为再现的事物都要有趣得多。

事实上，霍普的"想象"（和抽象艺术单纯的"创造"完全不同）与之密切相关。他对现实的心理学重组既是一种转换，又是一种抽象。其目的并非一种单一的、明确的意义。相反，他的艺术是多元而模糊的。就像抽象艺术家把给定的主题转化成一个符号系统，允许我们进行各种理解和投射幻想。霍普的画作也是如此，运用疏离来建立一种可以进行多种解析的开放性。美国风景画家在其作品中创造了封闭的语境；然而霍普的艺术却让观众参与到它的构思及其戏剧法中，建立了后现代主义理论所称的"互文性"。

但在我们进行总结之前，应该把霍普的画作与两条线联系起来，这两条线在现代主义艺术和后现代主义的演变中都具有重要意义。将真实感知的现实进行陌生化的原则，使霍普的作品与勒内·马格利特的作品联系起来；而对文明图像的使用也让人将之与重新引入模仿策略的后现代艺术家（如埃里克·费舍尔）进行了比较。

观察马格利特的《光之帝国（二）》（见右下），我们就会发现，如果只看画面的表面价值，知觉反应就会错乱。这种效果也是霍普作品的特征所在。马格利特的目的在于展现一个超越了任何可以用方法论或心理学来解释的视野清晰的瞬间。霍普在后期作品中所暗示的，以及实际上在《海边的房间》或是《空房间里的阳光》中所完全实现的，在马格利特的作品中表现得更为明显。对这

埃里克·费舍尔
坏男孩
Bad Boy
1981年，布面油彩，168 cm × 244 cm
伦敦，萨奇画廊收藏
纽约玛丽·布恩画廊提供

勒内·马格利特
光之帝国（二）
L'Empire des Lumières II
1950年，布面油彩，79 cm × 99 cm
纽约，现代艺术博物馆
多米尼克和约翰·德·门尼尔赠

位比利时艺术家来说，一幅视觉图像的创作不再是直接再现真实的问题，也不再涉及现实、想象和被创造出来的图像之间的清晰划分。正如米歇尔·福柯所观察到的，马格利特的画就像一面镜子，世上毫不相干的事物在其中彼此呼应。对画中画的游戏般的运用（霍普也采用了这种手法）是马格利特的基本思维模式。在马格利特看来，现实、想象和被创造的图像之间的相互作用就是一幅画的真实情形。在文章《文字与图像》（*Words and Images*）中，他反复提及，所有的迹象都表明物体和用来再现它们的手段之间几乎没有联系。

乍看之下，霍普的艺术与（比如说）埃里克·费舍尔或安德鲁·怀斯所共有的叙事元素，似乎与抽象原则背道而驰。但事实上，这两种方法却是相互强化的。费舍尔作为线索之一持续出现在霍普的画作中：这种双重加密技巧所创作的图像看似写实，却带有无意识且往往与性有关的意义。

费舍尔不只是把人类描绘成文明世界的生物，他还比霍普更直白地将观众的注意力引向心理和历史问题。例如，作为一名美国白人，他的《北非简史》（见第90页），强调了黑人的传统。他所展现的关于色情场景的偷窥视角，如《坏男孩》（见第91页）或《生日男孩》（*Birthday Boy*），不仅表达了一种隐秘的痴迷，也让人回想起社会压抑欲望的过程，这些过程也构成了爱德华·霍普艺术的秘密核心。

霍普绘画中的审美游戏有其更私密的一面，这一面将他与安德鲁·怀斯的《克里斯蒂娜的世界》（见第87页）联系在一起，特别是怀斯带有自传色彩的赫尔加组画。霍普显然也认为艺术的游戏就是一种生活的游戏。他的最后一幅画《两个喜剧演员》（见对页）创作于1965年，展现了舞台上的两个小丑站在紧闭的幕布前鞠躬谢幕。他们的容貌使我们确信这两个人物形象是爱德华和乔·霍普。对他们二人来说，画家与现实之间的游戏显然是一个需要扮演的角色。这是霍普现实主义视角的一个非常重要的线索。他的现实主义绝不仅仅是对肉眼可见的、既有的、真实事物的复制；他对模仿这样的表现形式不感兴趣。在他的作品中，图像与想象、再现与美学架构是相互依存的。只有关于现实的图像与破译现实的观者凝视之间游戏般的相互作用，才最终确立了爱德华·霍普艺术的真实性。

查尔斯·伯奇菲尔德
六点钟
Six O'Clock
1936年，纸上水彩，61 cm × 76.2 cm
锡拉丘兹，纽约州，埃弗森美术馆
博物馆购买，珍妮·迪克森·巴克基金

两个喜剧演员
Two Comedians
1965年，布面油彩，73.7 cm × 101.6 cm
私人收藏

生平及作品

1882年 7月22日出生于纽约州尼亚克，加勒特·亨利·霍普和伊丽莎白·格里菲斯·史密斯-霍普之子。

1899—1900年 高中毕业后进入纽约的一所学校学习插画。

1900—1906年 在纽约艺术学院（切斯学校）学习插画，后学习油画，师从罗伯特·亨利和肯尼斯·海伊斯·米勒。

1906年 造访欧洲。霍普游历英国、荷兰、德国和比利时，大部分时间待在巴黎。

1908年 定居纽约，成为一名用业余时间绘画的商业艺术家。和亨利的其他学生在纽约的哈莫尼俱乐部举办首次展览。

1909年 第二次造访欧洲，游历法国，主要待在巴黎。

1910年 第三次造访欧洲：前往法国和西班牙。

1912年 在马萨诸塞州的格洛斯特创作，后搬去缅因州的奥甘圭特。

1913年 在军械库展览中展出一幅油画《航海》。

1915年 开始尝试蚀刻版画，并在之后的八年里创作了50幅版画。

1916年 夏天在缅因州蒙希根岛工作。

1920年 在惠特尼工作室俱乐部举办首次个展，展出在巴黎创作的油画。

1922年 在惠特尼工作室俱乐部展出漫画。

1923年 开始画水彩。荣获芝加哥版画家协会洛根奖。

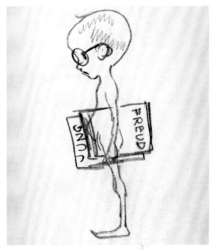

霍普以一个男孩的形态拿着弗洛伊德和荣格的著作的漫画
约1925—1935年，纸上铅笔，10.5 cm × 7.9 cm
私人收藏

1924年 7月9日与约瑟芬（乔）·凡尔斯蒂勒·尼维森完婚。11月在纽约的弗兰克·K.M.雷恩画廊展出最新创作的水彩画。

1926年 4月在波士顿圣博托夫俱乐部展出版画和水彩，并在缅因州的罗克兰度过夏天。

1927年 2月在雷恩画廊展出油画、版画和水彩画。

1928年 11月在康涅狄格州哈特福德的摩根纪念馆展出水彩画。

1929年 1月在雷恩画廊举办展览。其作品于同年12月收录于纽约现代艺术博物馆"19位在世美国艺术家绘画展"。

1930年 夏天，在科德角的南特鲁罗租下伯利·科布的房子。

1933年 在南特鲁罗建了一座房子，从此以后这里成为霍普一家的消夏住所。在加拿大和缅因州驾车旅行。11月，纽约现代艺术博物馆为其举办回顾展。

1934年 1月，在芝加哥艺术俱乐部举办了大部分回顾展。在科罗拉多州、犹他州、内华达州、加利福尼亚州、俄勒冈州和怀俄明州驾车旅行。

1935年 获得宾夕法尼亚美术学院坦普尔金奖、马萨诸塞州伍斯特艺术博物馆水彩画类一等奖。

1937年 获得首届W.A.克拉克奖和华盛顿柯康美术馆柯康金奖。

1940年 西海岸驾车旅行。

1942年 被芝加哥艺术博物馆授予艾达·S.加勒特奖。

1943年 乘火车去墨西哥。

1945年 当选为美国国家艺术与文学学会成员。

1946年 乘汽车去墨西哥。

1950年 2月—3月在纽约惠特尼美国艺术博物馆举办回顾展，之后继续在波士顿美术博物馆（4月）和底特律美术馆（6月）举办展览。

1951年 第3次到访墨西哥，在圣达菲短暂停留。

1952年 美国艺术联盟在威尼斯双年展上提名霍普为代表美国的四名美国艺术家之一。第4次到访墨西哥（1952年12月—1953年3月）。

1953年 被芝加哥艺术学院授予名誉艺术博士。被罗格斯大学授予名誉文学博士。

1954年 获得俄亥俄州扬斯敦巴特勒艺术学院水彩画一等奖。

1955年 成为美国艺术文学研究院成员，并荣获该院绘画金奖。第5次到访墨西哥。

1956年 任亨廷顿哈特福德基金会研究员。

1957年 荣获纽约期货交易所颁发的"向艺术致敬奖"，以及第四届霍尔马克国际艺术奖一等奖。

1959年 11月在柯里尔画廊举办个展，之后在罗德岛设计学院（12月）和康涅狄格州哈特福德的沃兹沃斯艺术博物馆（1960年1月）继续举办展览。

1960年 获得年度美国艺术奖。

1962年 10月于费城美术馆举办绘画作品回顾展，随后赴马萨诸塞州伍斯特艺术博物馆参展。

1963年 亚利桑那州美术馆举办回顾展。获得波士顿圣博托夫俱乐部颁发的奖项。

1964年 9月至11月在纽约惠特尼美国艺术博物馆举行的大型回顾展获得了评论家和公众的一致好评，之后在芝加哥巡回展出，1965年巡展至底特律和圣路易斯。获得芝加哥艺术博物馆颁发的M.V.科恩斯塔姆绘画奖。

1965年 费城艺术学院授予荣誉艺术博士。完成最后一幅画作《两个喜剧演员》。

1966年 被授予爱德华·麦克道尔奖章。

1967年 成为圣保罗双年展美国重要代表。在住院数月后，霍普于5月15日在纽约工作室去世。妻子乔也在此后一年内随他而去。

爱德华·霍普在巴黎，1907年

注释

1 Carl Baldwin: 'Realism. The American Mainstream', in *Réalités*, April 1973, p. 117. Cf. John Perrault: 'Hopper: Relentless realism, American light', in *Village Voice*, 23 September 1971, p. 27.
2 Peter Handke: *Die Lehre der Sainte-Victoire*, Frankfurt, 1980, pp. 18–19.
3 Quoted in Lloyd Goodrich: *Edward Hopper*, New York, 1971 (1983 reprint), p. 152.
4 Robert Hobbs: *Edward Hopper*, New York, 1987, p. 23.
5 ibid, p. 23.
6 On Hopper in Paris cf. Levin Gail: *Edward Hopper, the Art and the Artist*, Whitney Museum of American Art, New York, 1980.
7 For Hopper's links to the realism of artists such as Wyeth, see Hobbs, op. cit., p. 110.
8 For Hopper's views on Sloan and Marsh, cf. Hobbs, op. cit., p. 42. For correspondences with the literary work of Theodore Dreiser, Sherwood Anderson, Sinclair Lewis, John Dos Passos, Thomas Wolfe and William Faulkner, cf. Goodrich, op. cit., p. 88.
9 The passage comes from Goethe's letter to Jacobi of 21 August 1774.
10 Edward Hopper: 'Charles Burchfield: American', in *The Arts* 14 (July 1928), pp. 5–12. The quoted comment occurs on p. 5.
11 ibid, p. 5.
12 ibid, p. 7.
13 ibid, p. 7.
14 Hobbs, op. cit., p. 65.
15 For Hopper's links to the Transcendentalists, see Hobbs, op. cit., p. 67.
16 ibid, p. 83.
17 ibid, p. 83.
18 Cf. Brian O'Doherty: *American Masters: The Voice and the Myth*, New York, 1973, p. 22.
19 Edward Hopper: 'Notes on Painting' (1933). Quoted from Goodrich, op. cit., p. 150.
20 O'Doherty, op. cit., p. 22.
21 ibid, p. 22.
22 Cf. Hopper's statement in *Reality*, Spring 1953, p. 8.
23 Goodrich, op. cit., p. 109.
24 For Hopper's links to symbolism in literature and art, see Levin, op. cit.
25 Quoted in Goodrich, op. cit., p. 133.
26 Flexner's unpublished letter to Hopper is quoted in Levin, op. cit.
27 Katharine Kuh: *The Artist's Voice. Talks with Seventeen Artists*, New York, 1962, p. 134. Quoted in Hobbs, op. cit., p. 129.
28 Cf. J[oseph] A[nthony] Ward: *American Silences. The Realism of James Agee, Walter Evans, and Edward Hopper*, Baton Rouge, 1985; and O'Doherty, op. cit., p. 19.
29 Cf. Gail Levin, *Edward Hopper. The Complete Prints*, New York, 1979, p. 30.
30 Quoted in Gail Levin, *Edward Hopper as Illustrator*, The Whitney Museum of American Art, New York 1979, p. 7
31 Quoted in Lloyd Goodrich, op. cit., p. 30
32 Cf. Gail Levin: *Hopper's Places*, New York, 1985.
33 Cf. O'Doherty, op. cit., p. 21
34 ibid, p. 19.
35 ibid, p. 19.
36 ibid, p. 15.
37 ibid, p. 22.

第2页
爱德华·霍普，1945年
图片来源：奥斯卡·怀特（Oscar White）

第4页
杂烩
Chop Suey
1929年，布面油彩，81.3 cm × 96.5 cm
巴尼·A. 埃布斯沃思夫妇收藏

第94页
爱德华·霍普，1945年
图片来源：贝特曼档案馆（Bettmann Archive）

图片版权

出版商在此感谢各博物馆、画廊、收藏家和摄影师在本书出版时予以的帮助。我们尤其感谢惠特尼美国艺术博物馆的协助与合作。除图注中标明的个人及机构外，我们还希望致谢：© CORBIS, Bettmann (p. 94); Geoffrey Clements. N.Y. (6, 7, 9, 11, 12 [top], 15, 19, 21, 22, 33, 44 [top], 59 [top], 59 [bottom], 62 [top and bottom]); Robert E.Mates, Inc., N.J. (pp. 8, 12 [below], 13 [top], 13 [below], 16, 17, 18, 25, 81); Lee Stalsworth (p. 10); Ed Owen (p. 20); Stephen Kovacik (pp. 24, 68); Bill Jacobson Studio, N.Y. (p. 34); Malcolm Varon, N.Y. (pp. 36–37); Mike Fischer (p. 64); John Tennant (p. 70); Otto Nelson (p. 72); Henry Nelson (p. 73); Steven Sloman, N.Y. (pp. 77); and Joseph Szaszfai (p. 80).

版权所有，侵权必究

© 2021 TASCHEN GmbH
Hohenzollernring 53, D–50672 Köln
www.taschen.com

© Original edition:
1991 Bendedikt Taschen GmbH
© for the work of de Chirico: VG Bild-Kunst, Bonn 2021

Printed in China
ISBN: 978-7-5356-9435-5

图书在版编目（CIP）数据

霍普 /（德）罗尔夫·G.伦纳著；谭斯萌译. —— 长沙：湖南美术出版社，2022.1
ISBN 978-7-5356-9435-5

Ⅰ.①霍… Ⅱ.①罗… ②谭… Ⅲ.①爱德华·霍普 – 生平事迹②爱德华·霍普 – 绘画研究 Ⅳ.①K837.125.72 ②J205.712

中国版本图书馆CIP数据核字(2021)第043650号

本书由TASCHEN出版社授权银杏树下（北京）图书有限责任公司独家代理出版
著作权合同登记号：图字18-2021-009

霍普
HUOPU

出 版 人：黄 啸
著　　者：〔德〕罗尔夫·G. 伦纳（Rolf G. Renner）
译　　者：谭斯萌
选题策划：后浪出版公司
出版统筹：吴兴元
编辑统筹：蒋天飞
责任编辑：贺澧沙
特约编辑：王凌霄
营销推广：ONEBOOK
装帧制造：墨白空间·张静涵
出版发行：湖南美术出版社　后浪出版公司
　　　　　（长沙市东二环一段622号）
印　　刷：广东省博罗县园洲勤达印务有限公司
　　　　　（广东惠州博罗县园洲镇下南管理区新南一路）
字　　数：83千字
开　　本：889×1194　1/16
印　　张：6
版　　次：2022年1月第1版
印　　次：2022年1月第1次印刷
书　　号：ISBN 978-7-5356-9435-5
定　　价：128.00元

读者服务：reader@hinabook.com 188-1142-1266
投稿服务：onebook@hinabook.com 133-6631-2326
直销服务：buy@hinabook.com 133-6657-3072
网上订购：https://hinabook.tmall.com/（天猫官方直营店）